元脱脱等撰

宋史

第一五册

卷一九九至卷二〇七（志）

中華書局

宋史卷一百九十九

志第一百五十二

刑法一

夫天有五氣以育萬物，木德以生，金德以殺，亦甚盭矣，而始終之序，相成之道也。先王有刑罰以糾其民，則必温慈惠和以行之。蓋裁之以義，推之以仁，則震憹殺戮之威，非求民之死，所以求其生也。書曰：「士制百姓于刑之中，以教祗德。」言刑以弼教，使之畏威遠罪，導以之善爾。唐、虞之治，固不能廢刑也。惟禮以防之，有弗及，則刑以輔之而已。王道陵遲，禮制隳廢，始專任法以罔其民。於是作爲刑書，欲民無犯，而亂獄滋豐，由其本末無序，不足相成故也。

宋興，承五季之亂，太祖、太宗頗用重典，以繩姦慝，歲時躬自折獄慮囚，務底明愼，而以忠厚爲本。海內悉平，文教寖盛。士初試官，皆習律令。其君一以寬仁爲治，故立法之制嚴，而用法之情恕。獄有小疑，覆奏輒得減宥。觀夫重熙累洽之際，天下之民咸樂其生，重於犯法，而致治之盛幾乎三代之懿。元豐以來，刑書益繁，已而憸邪並進，刑政紊矣。國既南遷，威柄下逮，州郡之吏亦頗專行，而刑之寬猛繫乎其人。然累世猶知以愛民爲心，雖其失慈弱，而祖宗之遺意蓋未泯焉。今摭其實，作刑法志。

宋法制因唐律、令、格、式，而隨時損益則有編敕，一司、一路、一州、一縣又別有敕。建隆初〔一〕，詔判大理寺竇儀等上編敕四卷，凡一百有六條，詔與新定刑統三十卷並頒天下，參酌輕重爲詳，世稱平允。太平興國中，增敕至十五卷，淳化中倍之。咸平中增至萬八千五百五十有五條，詔給事中柴成務等芟其繁亂，定可爲敕者二百八十有六條，準律分十二門，總十一卷。又爲儀制令一卷。當時便其簡易。大中祥符間，又增三十卷，千三百七十四條。又有農田敕五卷，與敕兼行。

仁宗嘗問輔臣曰：「或謂先朝詔令不可輕改，信然乎？」王曾曰：「此憸人惑上之言也。咸平之所删，太宗詔令十存一二，去其繁密以便於民，何爲不可？」於是詔中外言敕得失，命官修定，取咸平儀制令及制度約束之在敕者五百餘條，悉附令後，號曰附令敕。天聖七年編敕成，合農田敕爲一書，視祥符敕損百有餘條。其麗于法者，大辟之屬十有七，流之屬三十有四，徒之屬百有六，杖之屬二百五十有八，笞之屬七十有六。又配隸之屬六十有三，大辟而下奏聽旨者七十有一。凡此，皆在律令外者也。

既頒行，因下詔曰："敕令者，治世之經，而數動搖，則衆聽滋惑，何以訓迪天下哉？自今有司毋得輒請删改。有未便者，中書、樞密院以聞。"然至慶曆又復删定，增五百條，别爲總例一卷。後又修一司敕二千三百十有七條，一路敕千八百二十有七條，一州、一縣敕千四百五十有一條。其麗于法者，大辟之屬總三十有一，流之屬總二十有一，徒之屬總百有五，杖之屬總百六十有八，笞之屬總十有二。又配隸之屬總八十有一，大辟而下奏聽旨者總六十有四。凡此，又在編敕之外者也。

嘉祐初，因樞密使韓琦言，內外吏兵奉祿無著令，乃命類次爲祿令。三司以驛料名數，著爲驛令。琦又言："自慶曆四年，距嘉祐二年，敕增至四千餘條，前後牴牾。請詔中外，使言敕得失，如天聖故事。"七年，書成。總千八百三十四條，視慶曆敕大辟增六十，流增五十，徒增六十有一，杖增七十有三，笞增三十有八。又配隸增三十，大辟而下奏聽旨者增四十有六。又别爲續附令敕三卷。

神宗以律不足以周事情，凡律所不載者一斷以敕，乃更其目曰敕、令、格、式，而律恆存乎敕之外。熙寧初，置局修敕，詔中外言法不便者，集議更定，擇其可采者賞之。元豐中，始成書二十有六卷，復下二府參訂，然後頒行。帝留意法令，每有司進擬，多所是正。嘗謂：「法出於道，人能體道，則立法足以盡事。」又曰：「禁於已然之謂敕，禁於未然之謂令〔二〕，設於此以待彼之謂格，使彼效之之謂式。修書者要當識此。」於是凡入笞、杖、徒、流、死，自名例以下至斷獄，十有二門，麗刑名輕重者，皆爲敕。自品官以下至斷獄三十五門，約束禁止者，皆爲令。命官之等十有七〔三〕，吏、庶人之賞等七十有七，又有倍、全、分、釐之級凡五等〔四〕，有等級高下者，皆爲格。表奏、帳籍、關牒、符檄之類凡五卷，有體制模楷者，皆爲式。

元祐初，中丞劉摯言：「元豐編修敕令，舊載敕者多移之令，蓋違敕法重，違令罪輕，此足以見神宗仁厚之德。而有司不能推廣，增多條目，離析舊制，因一言一事，輒立一法，意苛文晦，不足以該事物之情。行之幾時，蓋已屢變。宜取慶曆、嘉祐以來新舊敕參照，去取刪正，以成一代之典。」右諫議孫覺亦言煩細難以檢用，乃詔摯等刊定。哲宗親政，不專用元祐近例，稍復熙寧、元豐之制。自是用法以後衝前，改更紛然，而刑制紊矣。

崇寧元年，臣僚言：「有司所守者法，法所不載，然後用例。今引例破法，非理也。」乃令各曹取前後所用例，以類編修，與法妨者去之。尋下詔追復元豐法制，凡元祐條例悉燬之。

徽宗每降御筆手詔，變亂舊章。靖康初，羣臣言：「祖宗有一定之法，因事改者，則隨條貼說，有司易於奉行。蔡京當國，欲快己私，請降御筆，出於法令之外，前後牴牾，宜令具錄付編修敕令所〔五〕，參用國初以來條法，删修成書。」詔從其請，書不果成。

高宗播遷，斷例散逸，建炎以前，凡所施行，類出人吏省記。三年四月，始命取嘉祐條法與政和敕令對修而用之。嘉祐法與見行不同者，自官制、役法外，賞格從重，條約從輕。紹興元年，書成，號紹興敕令格式，而吏胥省記者亦復引用。監察御史劉一止〔六〕言：「法令具在，吏猶得以爲姦，今一切用其所省記，欺蔽何所不至。」十一月，乃詔左右司、敕令所刊定省記之文頒之。時在京通用敕內，有已嘗衝改不該引用之文，因大理正張柄言，亦詔删削。十年，右僕射秦檜上之。然自檜專政，率用都堂批狀、指揮行事，雜入吏部續降條册之中，修書者有所畏忌，不敢删削，至與成法並立。吏部尙書周麟之言：「非天子不議禮，不制度，不考文。」乃詔削去之。

至乾道時，臣僚言：「紹興以來，續降指揮無慮數千，牴牾難以考據。」詔大理寺官詳難，定其可否，類申刑部，以所隸事目分送六部長貳參詳。六年，刑部侍郎汪大猷等上其書，號乾道敕令格式，八年，頒之。當是時，法令雖具，然吏一切以例從事，法當然而無例，則事皆泥而不行，甚至隱例以壞法，賄賂既行，乃爲具例。

淳熙初，詔除刑部許用乾道刑名斷例，司勳許用獲盜推賞例，并乾道經置條例事指揮，其餘並不得引例。既而臣僚言：「乾道新書，尙多牴牾。」詔戶部尙書蔡洸詳定之，凡刪改九百餘條，號淳熙敕令格式。帝復以其書散漫，用法之際，官不暇徧閱，吏因得以容姦，令敕令所分門編類爲一書，名曰淳熙條法事類，前此法令之所未有也。四年七月，頒之〔七〕。淳熙末，議者猶以新書尙多遺闕，有司引用，間有便於人情者。復令刑部詳定，迄光宗之世未成。慶元四年，右丞相京鏜始上其書，爲百二十卷，號慶元敕令格式。

理宗寶慶初，敕令所言：「自慶元新書之行，今二十九年，前指揮殆非一事，或舊法該括未盡，文意未明，須用續降參酌者；或舊法元無，而後因事立爲成法者；或已有舊法，而續降不必引用者；或一時權宜，而不可爲常法者。條目滋繁，無所遵守，乞攽定之。」淳祐二年四月，敕令所上其書，名淳祐敕令格式。十一年，又取慶元法與淳祐新書刪潤。其間修改者百四十條，創入者四百條，增入者五十條，刪去者十七條，爲四百三十卷。度宗以後，遵而行之，無所更定矣。其餘一司、一路、一州、一縣敕，前後時有增損，不可勝紀云。

五季衰亂，禁罔煩密。宋興，削除苛峻，累朝有所更定。法吏寖用儒臣，務存仁恕，凡用法不悖而宜于時者著之。太祖受禪，始定折杖之制。凡流刑四：加役流，脊杖二十，配役三年；流三千里，脊杖二十，二千五百里，脊杖十八，二千里，脊杖十七，並配役一年。凡徒刑五：徒三年，脊杖二十；徒二年半，脊杖十八；二年，脊杖十七；一年半，脊杖十五；一年，脊杖十三。凡杖刑五：杖一百，臀杖二十；九十，臀杖十八；八十，臀杖十七；七十，臀杖十五；六十，臀杖十三。凡笞刑五：笞五十，臀杖十下；四十、三十，臀杖八下；二十、十，臀杖七下〔八〕。常行官杖如周顯德五年制，長三尺五寸，大頭闊不過二寸，厚及小頭徑不得過九分。徒、流、笞通用常行杖，徒罪決而不役。

先是，藩鎮跋扈，專殺爲威，朝廷姑息，率置不問，刑部按覆之職廢矣。建隆三年，令諸州奏大辟案，須刑部詳覆。尋如舊制，大理寺詳斷，而後覆于刑部。凡諸州獄，則錄事參軍與司法掾參斷之。自是，內外折獄蔽罪，皆有官以相覆察。又懼刑部、大理寺用法之失，別置審刑院讞之。吏一坐深，或終身不進，由是皆務持平。

唐建中令，竊盜贓滿三匹者死。武宗時，竊盜贓滿千錢者死。宣宗立，乃罷之。漢乾祐以來，用法益峻，民盜一錢抵極法。周初，深懲其失，復遵建中之制。帝猶以其太重，嘗增爲錢三千，陌以八十爲限。既而詔曰：「禁民爲非，乃設法令，臨下以簡，必務哀矜。竊盜之生，本非巨蠹。近朝立制，重於律文，非愛人之旨也。自今竊盜贓滿五貫足陌者死。」

舊法，強盜持杖，雖不傷人，皆棄市。又詔但不傷人者，止計贓論。令諸州獲盜，非狀驗明白，未得掠治。其當訊者，先具白長吏，得判乃訊之。凡有司擅掠囚者，論爲私罪。時天下甫定，刑典弛廢，吏不明習律令，牧守又多武人，率意用法。金州防禦使仇超等坐故入死罪，除名，流海島，自是人知奉法矣。

開寶二年五月，帝以暑氣方盛，深念縲繫之苦，乃下手詔：「兩京諸州，令長吏督獄掾，五日一檢視，洒掃獄戶，洗滌杻械。貧不能自存者給飲食，病者給醫藥，輕繫卽時決遣，毋淹滯。」自是，每仲夏申敕官吏，歲以爲常。帝每親錄囚徒，專事欽恤。凡御史、大理官屬，尤嚴選擇。嘗謂侍御史知雜馮炳曰：「朕每讀漢書，見張釋之、于定國治獄，天下無冤民，此所望於卿也。」賜金紫以勉之。八年，廣州言：「前詔竊盜贓至死者奏裁，嶺南遐遠，覆奏稽滯，請不俟報。」帝覽奏，惻然曰：「海隅習俗，貪獷穿窬，固其常也。」因詔：「嶺南民犯竊盜，贓滿五貫至十貫者，決杖、黥面、配役，十貫以上乃死。」

太宗在御，常躬聽斷，在京獄有疑者，多臨決之，每能燭見隱微。太平興國六年下詔曰：「諸州大獄，長吏不親決，胥吏旁緣爲姦，逮捕證佐，滋蔓踰年而獄未具。自今長吏每五日一慮囚，情得者卽決之。」復制聽獄之限，大事四十日，中事二十日，小事十日，不他逮捕而易決者，毋過三日。後又定令：「決獄違限，準官書稽程律論，踰四十日則奏裁。事須證逮致稽緩者，所在以其事聞。」然州縣禁繫，往往猶以根窮爲名，追擾輒至破家。因江西轉運副使張齊賢言，令外縣罪人五日一具禁放數白州。州獄別置曆，長吏檢察，三五日一引問疏理，月具奏上。刑部閱其禁多者，命官卽往決遣，寃滯則降黜州之官吏。會兩浙運司亦言：「部內州繫囚滿獄，長吏輒隱落，妄言獄空，蓋懼朝廷詰其淹滯。」乃詔：「妄奏獄空及隱落囚數，必加深譴，募告者賞之。」

先是，諸州流罪人皆錮送闕下，所在或寅緣細微，道路非理死者十恆六七。張齊賢又請：「凡罪人至京，擇淸強官慮問。若顯負沈屈，致罷官吏〔九〕。且令只遣正身，家屬俟旨，其干繫者免錮送。」迺詔：「諸犯徒、流罪，並配所在牢城，勿復轉送闕下。」

雍熙元年，令諸州十日一具囚帳及所犯罪名、繫禁日數以聞，俾刑部專意糾舉。帝閱諸州所奏獄狀，有繫三百人者。迺令門留、寄禁、取保在外幷邸店養疾者，咸準禁數，件析以聞。其鞫獄違限及可斷不斷、事小而禁繫者，有司駁奏之。開封女子李嘗擊登聞鼓，自言無兒息，身且病，一旦死，家業無所付。詔本府隨所欲裁置之。李無它親，獨有父，有司因繫之。李又詣登聞，訴父被縶。帝駭曰：「此事豈當禁繫，輦轂之下，尙或如此。天下至廣，安得無枉濫乎？朕恨不能親決四方之獄，固不辭勞爾！」卽日遣殿中侍御史李範等十四人，分往江南、兩浙、四川、荆湖、嶺南審決刑獄。吏之弛怠者，劾其罪以聞；其臨事明敏、刑獄無滯者，亦以名上。始令諸州十日一慮囚。

帝嘗謂宰相曰：「御史臺，閤門之前，四方綱準之地。頗聞臺中鞫獄，御史多不躬親，垂簾雍容，以自尊大。鞫按之任，委在胥吏，求無冤濫，豈可得也？」乃詔御史決獄必躬親，毋得專任胥吏。又嘗諭宰臣曰：「每閱大理奏案，節目小未備，移文按覆，動涉數千里外，禁繫淹久，甚可憐也。卿等詳酌，非人命所係，即量罪區分，勿須再鞫。」始令諸州笞、杖罪不須證逮者，長吏即決之，勿復付所司。羣臣受詔鞫獄，獄既具，騎置來上，有司斷已，復騎置下之州。凡上疑獄，詳覆之而無疑狀，官吏並同違制之坐。其應奏疑案，亦騎置以聞。

二年，令竊盜滿十貫者，奏裁；七貫，決杖、黥面、隸牢城；五貫，配役三年，三貫，二年，一貫，一年。它如舊制。八月，復分遣使臣按巡諸道。帝曰：「朕於獄犴之寄，夙夜焦勞，慮有冤滯耳。」十月，親錄京城繫囚，遂至日旰。近臣或諫勞苦過甚，帝曰：「儻惠及無告，使獄訟平允，不致枉橈，朕意深以爲適，何勞之有？」因謂宰相曰：「中外臣僚，若皆留心政務，天下安有不治者。古人宰一邑，守一郡，使飛蝗避境，猛虎渡河。況能惠養黎庶，申理冤滯，豈不感召和氣乎？朕每自勤不怠，此志必無改易。或云有司細故，帝王不當親決，朕意則異乎是。若以尊極自居，則下情不能上達矣。」自是祁寒盛暑或雨雪稍愆，輒親錄繫囚，多所原減。諸道則遣官按決，率以爲常，後世遵行不廢，見各帝紀。

先是，太祝刁衎上疏言：「古者投姦人於四裔，今乃遠方囚人，盡歸象闕，配務役。神京天子所居，豈可使流囚於此聚役。禮曰：『刑人于市，與衆棄之。』則知黃屋紫宸之中，非行法用刑之所。望自今外處罪人，勿許解送上京，亦不留於諸務充役。御前不行決罰之刑，殿前引見司鉗黥法具、敕杖，皆以付御史、廷尉、京府。或出中使，或命法官，具禮監科，以重明刑謹法之意。」帝覽疏甚悅，降詔褒答，然不能從也。

三年，始用儒士爲司理判官，令諸州訊囚，不須衆官共視，申長吏得判乃訊囚。刑部張佖言：「官吏枉斷死罪者，請稍峻條章，以責其明愼。」始定制：應斷獄失入死刑者，不得以官減贖，檢法官、判官皆削一任，而檢法仍贖銅十斤，長吏則停任。尋置刑部詳覆官六員，專閱天下所上案牘，勿復遣鞫獄吏。置御史臺推勘官二十人，皆以京朝官爲之。凡諸州有大獄，則乘傳就鞫。陛辭日，帝必臨遣諭之曰：「無滋蔓，無留滯。」咸賜以裝錢。還，必召問所推事狀，著爲定令。自是，大理寺杖罪以下，須刑部詳覆。又所駁天下案牘未具者，亦令詳覆乃奏。判刑部李昌齡言：「舊制，大理定刑送部，詳覆官入法狀，主判官下斷語，乃具奏。至開寶六年，闕法直官，致兩司共斷定覆詞。今宜令大理所斷案牘，寺官印署送詳覆。得當，則送寺共奏，否卽疏駁以聞。」

淳化初，始置諸路提點刑獄司，凡管內州府十日一報囚帳，有疑獄未決，卽馳傳往視之。州縣稽留不決，按讞不實，長吏則劾奏，佐史、小吏許便宜按劾從事。帝又慮大理、刑部吏舞文巧詆，置審刑院於禁中，以樞密直學士李昌齡知院事，兼置詳議官六員。凡獄上奏，先達審刑院，印訖，付大理寺、刑部斷覆以聞。乃下審刑院詳議申覆，裁決訖，以付中書省。當，卽下之；其未允者，宰相覆以聞，始命論決。蓋重愼之至也。

凡大理寺決天下案牘，大事限二十五日，中事二十日，小事十日。審刑院詳覆，大事十五日，中事十日，小事五日。三年，詔御史臺鞫徒以上罪，獄具，令尙書丞郎、兩省給舍以上一人親往慮問。尋又詔：「獄無大小，自中丞以下，皆臨鞫問，不得專責所司。」自端拱以來，諸州司理參軍，皆帝自選擇，民有詣闕稱寃者，亦遣臺使乘傳按鞫，數年之間，刑罰清省矣。旣而諸路提點刑獄司未嘗有所平反，詔悉罷之，歸其事轉運司。

至道二年，帝聞諸州所斷大辟，情可疑者，懼爲有司所駁，不敢上其獄。迺詔死事有可疑者，具獄申轉運司，擇部內詳練格律者令決之，須奏者乃奏。

眞宗性寬慈，尤愼刑辟。嘗謂宰相曰：「執法之吏，不可輕授。有不稱職者，當責舉主，以懲其濫。」審刑院舉詳議官，就刑部試斷案三十二道，取引用詳明者。審刑院每奏案，令先具事狀，親覽之，翌日，乃候進止，裁處輕重，必當其罪。咸平四年〔10〕，從黃州守王禹偁之請，諸路置病囚院，徒、流以上有疾者處之，餘責保于外。

景德元年〔二〕，詔：「諸道州軍斷獄，內有宣敕不定刑名，止言當行極斷者，所在即寘大辟，頗乖平允。自今凡言處斷、重斷、極斷、決配、朝典之類，未得論決，具獄以聞。」四年，復置諸路提點刑獄官。先是，帝出筆記六事，其一曰：「勤恤民隱，遴柬庶官，朕無日不念也。所慮四方刑獄官吏，未盡得人，一夫受冤，即召災沴。今軍民事務，雖有轉運使，且地遠無由周知。先帝嘗選朝臣爲諸路提點刑獄，今可復置，仍以使臣副之，命中書、樞密院擇官。」又曰：「河北、陝西，地控邊要，尤必得人，須性度平和有執守者。」親選太常博士陳綱〔三〕、李及，自餘擬名以聞；咸引對於長春殿遣之。內出御前印紙爲曆，書其績效，代還，議功行賞。如刑獄枉濫不能擿舉，官吏曠弛不能彈奏，務從畏避者，寘以深罪。知審刑院朱巽〔四〕上言：「官吏因公事受財，證左明白，望論以枉法，其罪至死者，加役流。」從之。

御史臺嘗鞫殺人賊，獄具，知雜王隨請臠咼之，帝曰：「五刑自有常制，何爲慘毒也。」入內供奉官楊守珍使陝西，督捕盜賊，因請「擒獲強盜至死者，望以付臣凌遲，用戒凶惡」。詔：「捕賊送所屬，依法論決，毋用凌遲。」凌遲者，先斷其支體，乃抉其吭，當時之極法也。蓋眞宗仁恕，而慘酷之刑，祖宗亦未嘗用。

初，殿中侍御史趙湘嘗建言：「聖王行法，必順天道。漢制大辟之科，盡冬月乃斷。此古之善政，當舉行之。且十二月爲承天節，萬方祝頌之時，而大辟決斷如故。況十一月一陽始出，其氣尚微，議獄緩刑，所以助陽抑陰也。望以十一月、十二月內，天下大辟未結正者，更令詳覆；已結正者，未令決斷。所在厚加矜恤，掃除獄房，供給飲食、薪炭之屬，防護無致他故。情可憫者，奏聽敕裁。合依法者，盡冬月乃斷。在京大辟人，既當春孟之月，亦行慶施惠之時。伏望萬幾之暇，臨軒躬覽，情可憫者，特從末減，亦所以布聖澤於無窮。況愚民之抵罪未斷，兩月亦非淹延。若用刑順於陰陽，則四時之氣和，氣和則百穀豐實，水旱不作矣。」帝覽奏曰：「此誠嘉事！然古今異制，沿革不同，行之慮有淹滯，或因緣爲姦矣。」

天禧四年乃詔：「天下犯十惡、劫殺、謀殺、故殺、鬬殺、放火、強劫、正枉法贓、僞造符印、厭魅咒詛、造妖書妖言、傳授妖術、合造毒藥、禁軍諸軍逃亡爲盜罪至死者，每遇十二月，權住區斷，過天慶節卽決之〔四〕。餘犯至死者，十二月及春夏未得區遣，禁錮奏裁。」

在仁宗時，四方無事，戶口蕃息，而克自抑畏，其於用刑尤愼。卽位之初，詔內外官司，聽獄決罪，須躬自閱實，毋枉濫淹滯。刑部嘗薦詳覆官，帝記其姓名，曰：「是嘗失入人罪不得遷官者，烏可任法吏？」舉者皆罰金。

獄疑者讞，所從來久矣。漢嘗詔「讞而後不當讞者不爲失」，所以廣聽察、防繆濫也。

時奏讞之法廢。初，眞宗嘗覽囚簿，見天下斷死罪八百人，憮然動容，語宰執曰：「雜犯死罪條目至多，官吏儻不盡心，豈無枉濫？故事，死罪獄具，三覆奏，蓋甚重愼，何代罷之？」遂命檢討沿革，而有司終慮淹繫，不果行。至是，刑部侍郎燕肅奏曰：「唐大辟罪，令尙書、九卿讞之。凡決死刑，京師五覆奏，諸州三覆奏。貞觀四年，斷死罪二十九，開元二十五年，財五十八。今天下生齒未加於唐，而天聖三年，斷大辟二千四百三十六，視唐幾至百倍。京師大辟雖一覆奏，而州郡獄疑上請，法寺多所舉駁，率得不應奏之罪，往往增飾事狀，移情就法，失朝廷欽恤之意。望準唐故事，天下死罪皆得覆奏。議者必曰待報淹延。漢律皆以季秋論囚，唐自立春至秋分不決死刑，未聞淹留以害漢、唐之治也。」下其章中書，王曾謂：「天下皆一覆奏，則必死之人，徒充滿狴犴而久不得決。諸獄疑若情可矜者，聽上請。」天聖四年，遂下詔曰：「朕念生齒之蕃，抵冒者衆。法有高下，情有輕重，而有司巧避微文，一切致之重辟，豈稱朕好生之志哉？其令天下死罪，情理可矜及刑名疑慮者，具案以聞。有司毋得舉駁。」其後，雖法不應奏、吏當坐罪者，審刑院貼奏，率以恩釋爲例，名曰「貼放」。吏始無所牽制，請讞者多得減死矣。

先是，天下旬奏獄狀，雖杖、笞皆申覆，而徒、流罪非繫獄，乃不以聞。六年，集賢校理聶冠卿請罷覆杖、笞，而徒以上雖不繫獄，皆附奏。詔從其說。自定折杖之制，杖之長短廣狹，皆有尺度，而輕重無準，官吏得以任情。至是，有司以爲言，詔毋過十五兩。

初，眞宗時，以京師刑獄多滯冤，置糾察司，而御史臺獄亦移報之。八年，御史論以爲非體，遂詔勿報。祖宗時，重盜剝桑柘之禁，枯者以尺計，積四十二尺爲一功，三功以上抵死。殿中丞于大成請得以減死論，下法官議，謂當如舊。帝意欲寬之，詔死者上請。

刑部分四按，大辟居其一，月覆大辟不下二百數，而詳覆官纔一人。明道二年，令四按分覆大辟，有能駁正死罪五人以上，歲滿改官。法直官與詳覆官分詳天下旬奏，獄有重辟，獄官毋預燕遊迎送。凡上具獄，大理寺詳斷，大事期三十日，小事第減十日。審刑院詳議又各減半。其不待期滿而斷者，謂之「急按」。凡集斷急按，法官與議者並書姓名，議刑有失，則皆坐之。至景祐二年，判大理寺司徒昌運言：「斷獄有期日，而炎暍之時，繫囚淹久，請自四月至六月減期日之半，兩川、廣南、福建、湖南如急按奏。」其後猶以斷獄淹滯，又詔月上斷獄數，列大、中、小事期日，以相參考。

是歲，改強盜法。不持杖，不得財，徒二年；得財爲錢萬及傷人者，死。持杖而不得財，流三千里；得財爲錢五千者，死；傷人者，殊死。不持杖得財爲錢六千，若持杖罪不至死者，仍刺隸千里外牢城〔一五〕。能告羣盜劫殺人者第賞之，及十人者予錢十萬。既而有司言：「竊盜不用威力，得財爲錢五千，卽刺爲兵，反重於強盜，請減之。」遂詔至十千始刺爲兵，而京城持杖竊盜，得財爲錢四千，亦刺爲兵。自是盜法惟京城加重，餘視舊益寬矣。慶曆五年，詔罪殊死者，若祖父母、父母年八十及篤疾無期親者，列所犯以聞。

承平日久，天下生齒益蕃，犯法者多，歲斷大辟甚衆，而有司未嘗上其數。嘉祐五年，判刑部李綖言：「一歲之中，死刑無慮二千餘。夫風俗之薄，無甚於骨肉相殘；衣食之窮，莫急於盜賊。今犯法者衆，豈刑罰不足以止姦，而教化未能導其爲善歟？願詔刑部類天下所斷大辟，歲上朝廷，以助觀省。」從之。

凡在京班直諸軍請糧〔六〕，斗斛不足，出戍之家尤甚。倉吏自以在官無祿，恣爲侵漁。神宗謂非所以愛養將士之意，於是詔三司，始立諸倉丐取法。而中書請主典役人，歲增祿至一萬八千九百餘緡。凡丐取不滿百錢，徒一年，每百錢則加一等；千錢流二千里〔七〕，每千錢則加一等，罪止流三千里。其行貨及過致者，減首罪二等。徒者皆配五百里，其賞百千；流者皆配千里，賞二百千；滿十千，爲首者配沙門島，賞三百千，自首則除其罪。凡更定約束十條行之。其後內則政府，外則監司，多倣此法。內外歲增吏祿至百餘萬緡，皆取諸坊場，河渡，市利，免行、役剩息錢。久之，議臣欲稍緩倉法，編敕所修立告捕獲倉法給賞條，自一百千分等至三百千，而按問者減半給之。中書請依所定，詔仍舊給全賞，雖按問，亦全給。呂嘉問嘗請，行貨者宜止以不應爲坐之，刑部始減其罪。及哲宗初，嘗罷重祿法，而紹聖復仍舊。

熙寧四年，立盜賊重法。凡刼盜罪當死者，籍其家貲以賞告人，妻子編置千里；遇赦若災傷減等者，配遠惡地。罪當徒、流者，配嶺表；流罪會降者，配三千里，籍其家貲之半爲賞，妻子遞降等有差。應編配者，雖會赦，不移不釋。凡囊橐之家，劫盜死罪，情重者斬，餘皆配遠惡地，籍其家貲之半爲賞。盜罪當徒、流者，配五百里，籍其家貲三之一爲賞。竊盜三犯，杖配五百里或鄰州。雖非重法之地，而囊橐重法之人，以重法論。其知縣、捕盜官皆用舉者，或武臣爲尉。盜發十人以上，限內捕半不獲，劾罪取旨。若復殺官吏，及累殺三人，焚舍屋百間，或羣行州縣之內，劫掠江海船栰之中，非重地，亦以重論。

凡重法地，嘉祐中，始於開封府諸縣，後稍及諸州。以開封府東明、考城、長垣縣，京西滑州，淮南宿州，河北澶州，京東應天府、濮齊徐濟單兗鄆沂州、淮陽軍，亦立重法，著爲令。至元豐時，河北、京東、淮南、福建等路皆用重法，郡縣寖益廣矣。元豐敕〔一八〕，重法地分，劫盜五人以上，凶惡者，方論以重法。紹聖後，有犯即坐，不計人數。復立妻孥編管法。至元符三年，因刑部有請，詔改依舊敕。

先是，曾布建言：「盜情有重輕，贓有多少。今以贓論罪，則劫貧家情雖重，而以贓少減免，劫富室情雖輕，而以贓重論死。是盜之生死，係於主之貧富也。至於傷人，情狀亦殊。

以手足毆人，偶傷肌體，與夫兵刃湯火，固有間矣，而均謂之傷。朝廷雖許奏裁，而州郡或奏或否，死生之分，特幸與不幸爾。不若一變舊法，凡以贓定罪及傷人情狀不至切害者，皆從罪止之法。其用兵刃湯火，情狀酷毒，及汙辱良家，或入州縣鎭砦行劫，若驅虜官吏巡防人等，不以傷與不傷，凡情不可貸者，皆處以死刑，則輕重不失其當矣。」及布爲相，始從其議，詔有司改法。

未幾，侍御史陳次升言：「祖宗仁政，加於天下者甚廣。刑法之重，改而從輕者至多。惟是強盜之法，特加重者，蓋以禁姦宄而惠良民也。近朝廷改法，詔以強盜計贓應絞者，並增一倍〔一九〕；贓滿不傷人，及雖傷人而情輕者奏裁。法行之後，民受其弊。被害之家，以盜無必死之理，不敢告官，而鄰里亦不爲之擒捕，恐怨仇報復。故賊益逞，重法地分尤甚。恐養成大寇，以貽國家之患，請復行舊法。」布罷相，翰林學士徐勣復言其不便，乃詔如舊法，前詔勿行。

先是，諸路經略、鈐轄，不得便宜斬配百姓。趙抃嘗知成都，乃言當獨許成都四路。王安石執不可，而中書、樞密院同立法許之。其後，謝景初奏：「成都妄以便宜誅釋，多不當。」於是中書復删定敕文，惟軍士犯罪及邊防機速，許特斷。及抃移成都，又請立法，御史劉孝孫〔二〇〕亦爲之請依舊便宜從事，安石寢其奏。

武臣犯贓，經赦敍復後，更立年考升遷。帝曰：「若此，何以戒貪吏？」故命改法。熙寧六年，樞密都承旨曾孝寬等定議上之，大概倣文臣敍法而少增損爾。七年，詔：「品官犯罪，按察之官並奏劾聽旨。毋得擅捕繫、罷其職奉。」

元豐二年，成都府、利路鈐轄言：「往時川峽絹匹爲錢二千六百，以此估贓，兩鐵錢得比銅錢之一。近絹匹不過千三百，估贓二匹乃得一匹之罪，多不至重法〔二〕。」令法寺定以一錢半當銅錢之一。

元祐二年，刑部、大理寺定制：「凡斷讞奏獄，每二十緡以上爲大事，十緡以上爲中事，不滿十緡爲小事〔三〕。大事以十二日，中事九日，小事四日爲限。若在京、八路大事十日，中事五日，小事三日。臺察及刑部舉劾約法狀並十日，三省、樞密院再送各減半。有故量展，不得過五日。凡公案日限，大事以三十五日，中事二十五日，小事十日爲限。在京、八路大事以三十日，中事半之，小事三之一。臺察及刑部並三十日。每十日，斷用七日，議用三日。」

五年，詔命官犯罪，事干邊防軍政，文臣申尚書省，武臣申樞密院。中丞蘇轍言：「舊制，文臣、吏民斷罪公案歸中書，武臣、軍士歸樞密，而斷例輕重，悉不相知。元豐更定官制，斷獄公案並由大理、刑部申尚書省，然後上中書省取旨。自是斷獄輕重比例，始得歸一，天下稱明焉。今復分隸樞密，必有罪同斷異，失元豐本意，請並歸三省。其事干邊防軍政者，令樞密院同進取旨，則事體歸一，而兵政大臣各得其職。」六年，乃詔：「文武官有犯同按干邊防軍政者，刑部定斷，仍三省、樞密院同取旨。」

刑部論：「佃客犯主，加凡人一等。主犯之，杖以下勿論，徒以上減凡人一等。謀殺盜詐，有所規求避免而犯者，不減。因毆致死者不刺面，配鄰州，情重者奏裁。凡命士死於官或去位，其送徒道亡，則部轄將校、節級與首率衆者徒一年，情輕則杖百，雖自首不免。」

政和間，詔：「品官犯罪，三問不承，卽奏請追攝；若情理重害而拒隱，方許枷訊〔三〕。邇來有司廢法，不原輕重，枷訊與常人無異，將使人有輕吾爵祿之心。可申明條令，以稱欽恤之意。」又詔：「宗子犯罪，庭訓示辱。比有去衣受杖，傷膚敗體，有惻朕懷。其令大宗正司恪守條制，違者以違御筆論。」又曰：「其情理重害，別被處分。若罪至徒、流，方許制勘，餘止以衆證爲定，仍取伏辨，無得輒加捶考。其合庭訓者，並送大宗正司，以副朕敦睦九族之意。」中書省言：「律，『在官犯罪，去官勿論』。蓋爲命官立文。其後相因，掌典去官，亦用去官免罪，有犯則解役歸農，幸免重罪。」詔改政和敕掌典解役從去官法。

左道亂法，妖言惑衆，先王之所不赦，至宋尤重其禁。凡傳習妖教，夜聚曉散，與夫殺人祭祀之類，皆著于法，訶察甚嚴。故姦軌不逞之民，無以動搖愚俗。間有爲之，隨輒報敗，其事不足紀也。

校勘記

〔一〕建隆初　「初」字疑誤。按宋會要刑法一之一說：「太祖建隆四年二月五日，工部尚書判大理寺竇儀言：周刑統科條繁浩，或有未明，請別加詳定。乃命儀與權大理少卿蘇曉正、奚嶼承、張希讓及刑部大理寺法直官陳光乂、馮叔向等同撰集。……至八月二日上之，詔並模印頒行。」玉海卷六六所載略同，可見刑統和編敕的編修和頒行都在建隆四年而不在建隆初。

〔二〕禁於已然之謂敕禁於未然之謂令　「已」、「未」二字原互倒，據宋會要刑法一之一二、長編卷三四四、玉海卷六六乙正。

〔三〕命官之等十有七　按長編卷三四四注引國史刑法志作：「命官之賞等十有七」，根據下文「吏、庶人之賞等七十有七」一語，當以長編所引爲是，「等」上應有「賞」字方合。

〔四〕又有倍全分釐之級凡五等　按洪邁容齋三筆卷一六敕令格式條記載此事說：「命官、庶人之等，倍、全、分、釐之給，有等級高下者皆爲格。」「級」字作「給」，是。蓋此係指宋代賞格中的倍給、全給、分給、釐給而言，此外尚有半給一等爲史文所省略，例詳謝深甫慶元條法事類卷二八、卷三二等卷。五等之給，是指告發贓私人的准價給賞辦法。下文告捕獲倉法給賞條亦有此例。

〔五〕編修敕令所 「所」字原脫，據宋會要刑法一之三二、靖康要錄卷一一補。

〔六〕劉一止 原作「劉一正」，據本書卷三七八劉一止傳、繫年要錄卷四九改。

〔七〕四年七月頒之 按宋會要刑法一之五二、中興聖政卷五七，都說淳熙條法事類七年五月成書，八年三月方明令頒布。

〔八〕二十十臀杖七下 原刊脫一「十」字。按宋刑統卷一笞刑條作：「笞貳拾、壹拾決臀杖七下，放。」編年綱目卷一作：「二十、十爲七。」又上文既說「凡笞刑五」，則此處「二十」下應有「十」字方合，據補。

〔九〕若顯負沈屈致罷官吏 長編卷二二作「若顯負沈屈，則量罰本州官吏」，通考卷一六六刑考作「如顯有負屈者，本州官吏則量加懲罰」。疑此處「致罷」二字有誤。

〔一〇〕咸平四年 「四年」原作「元年」，據長編卷四八、通考卷一六六刑考改。

〔一一〕景德元年 「元年」原作「三年」，據長編卷五七、通考卷一六六刑考改。

〔一二〕陳綱 原作「陳綸」，據本書卷二九八李及傳、宋會要刑法六之七七改。

〔一三〕朱巽 原作「朱選」，據東都事略卷一一七朱壽昌傳、通考卷一六六刑考改。

〔一四〕過天慶節卽決之 「過」原作「遇」。按宋大詔令集卷二〇二令劫殺等死罪十二月權住區斷詔說：「每遇十二月，權住區斷，過正月天慶節依舊行刑。」長編卷九五同，據改。

〔一五〕仍刺隸千里外牢城　「隸」下原衍「二」字，據宋大詔令集卷二〇二定強盜刑詔、長編卷一一七刪。

〔一六〕諸軍請糧　「糧」原作「量」，據長編卷二一四、通考卷一六七刑考改。

〔一七〕千錢流二千里　「二千里」，長編卷二一四作「一千里」。按下文「每千錢則加一等，罪止流三千里」。疑以作「一千里」爲是。

〔一八〕元豐敕　按下文所載敕語內容，長編卷四七八繫於元祐七年十一月，疑「元豐」爲「元祐」之誤。

〔一九〕並增一倍　「增」原作「減」。按陳次升所言，旨在反對減輕強盜刑罰。此處所謂增減，係指計贓論罪而言，如屬計贓數目減少，則當時所改之法實較過去增重，與文意不符。宋會要刑法三之四、通考卷一六七刑考「減」都作「增」，據改。

〔二〇〕劉孝孫　原作「劉季孫」。按東都事略卷一一〇劉季孫傳，季孫不曾任侍御史；十朝綱要卷八載神宗御史六十八人，無劉季孫而有劉孝孫，長編卷二三九、卷二四二都作「劉孝孫」，據改。

〔二一〕多不至重法　「不」字原脫，與文意不合，據宋會要刑法三之三、長編卷三〇一補。

〔二二〕每二十緡以上爲大事十緡以上爲中事不滿十緡爲小事　「緡」，長編卷四〇五作「紙」；宋會要職官二四之二八載紹興二十一年刑部所定斷案日限作「張」。

〔二三〕枷訊　原作「加訊」，據宋會要刑法三之七一、通考卷一六七刑考改。

宋史卷二百

志第一百五十三

刑法二

律令者，有司之所守也。太祖以來，其所自斷，則輕重取舍，有法外之意焉。然其末流之弊，專用己私以亂祖宗之成憲者多矣。

乾德伐蜀之役，有軍大校割民妻乳而殺之，太祖召至闕，數其罪。近臣營救頗切，帝曰：「朕興師伐罪，婦人何辜，而殘忍至此！」遂斬之。

時郡縣吏承五季之習，黷貨厲民，故尤嚴貪墨之罪。開寶四年，王元吉守英州〔一〕，月餘，受贓七十餘萬，帝以嶺表初平，欲懲掊克之吏，特詔棄市。陝州〔二〕民范義超，周顯德中，以私怨殺同里常古眞家十二口，古眞小子留留幸脫走，至是，擒義超訴有司。陝州奏，引赦當原。帝曰：「豈有殺一家十二人，可以赦論邪？」命正其罪。

八年，有司言：「自三年至今，詔所貸死罪凡四千一百八人。」帝注意刑辟，哀矜無辜，嘗嘆曰：「堯、舜之時，四凶之罪止於投竄。先王用刑，蓋不獲已，何近代憲網之密耶！」故自開寶以來，犯大辟，非情理深害者，多得貸死。

太平興國六年，自春涉夏不雨，太宗意獄訟冤濫。會歸德節度推官李承信因市葱笞園戶，病創死。帝聞之，坐承信棄市。

初，太祖嘗決繫囚，多得寬貸。而開封婦人殺其夫前室子，當徒二年，帝以其凶虐殘忍，特處死。至是，有涇州安定婦人，怒夫前妻之子婦，絕其吭而殺之。乃下詔曰：「自今繼母殺傷夫前妻子，及姑殺婦者，同凡人論。」雍熙元年，開封寡婦劉使婢詣府，訴其夫前室子王元吉毒己將死。右軍巡推不得實，移左軍巡掠治，元吉自誣伏。俄劉死。及府中慮囚，移司錄司案問，頗得其侵誣之狀，累月未決。府白于上，以其毒無顯狀，令免死，決徒。元吉妻張擊登聞鼓稱冤，帝召問張，盡得其狀。立遣中使捕元推官吏，御史鞫問，乃劉有姦狀，慚悸成疾，懼其子發覺而誣之。推官及左、右軍巡使等削任降秩；醫工詐稱被毒，劉母弟欺隱王氏財物及推吏受贓者，並流海島；餘決罰有差。司錄主吏賞緡錢，賜束帛。初，元吉之繫，左軍巡卒繫縛搒治，謂之「鼠彈箏」，極其慘毒。帝令以其法縛獄卒，宛轉號叫求速死。及解縛，兩手良久不能動。帝謂宰相曰：「京邑之內，乃復冤酷如此，況四方乎？」

端拱間，虜犯邊郡，北面部署言：「文安、大城二縣監軍段重誨等棄城遁，請論以軍法。」帝遣中使就斬之。既行，謂曰：「此得非所管州軍召之邪？往訊之乃決。」使至，果訊得乾寧牒令部送民入居城，非擅離所部，遽釋之。

咸平間，有三司軍將趙永昌者，素凶暴，督運江南，多爲姦贓。知饒州韓昌齡廉得其狀，乃移轉運使馮亮，坐決杖停職〔三〕。遂撾登聞鼓，訟昌齡與亮訕謗朝政，仍僞刻印，作亮等求解之狀。眞宗察其詐，於便殿自臨訊，永昌屈伏，遂斬之，釋亮不問，而昌齡以他事貶郢州團練副使。曹州民蘇莊蓄兵器，匿亡命，豪奪民產，積贓計四十萬。御史臺請籍其家，帝曰：「暴横之民，國有常法，籍之，斯過也。」論如律。其縱捨輕重，必當於義，多類此。

凡歲饑，強民相率持杖劫人倉廩，法應棄市，每具獄上聞，輒貸其死。眞宗時〔四〕，蔡州民三百一十八人有罪，皆當死。知州張榮、推官江嗣宗議取爲首者杖脊，餘悉論杖罪。帝下詔褒之。遣使巡撫諸道，因諭之曰：「平民艱食，強取餱糧以圖活命爾，不可從盜法科之。」天聖初，有司嘗奏盜劫米傷主，仁宗曰：「饑劫米可哀，盜傷主可疾。雖然，無知迫於食不足耳。」命貸之。五年〔五〕，陝西旱，因詔：「民劫倉廩，非傷主者減死，刺隸他州，非首謀又減一等。」自是，諸路災傷卽降敕，饑民爲盜，多蒙矜減，賴以全活者甚衆。

司馬光時知諫院〔六〕，言曰：「臣聞敕下京東、西災傷州軍，如貧戶以饑偷盜斛斗因而盜財者，與減等斷放，臣竊以爲非便。周禮荒政十有二，散利、薄征、緩刑、弛力、舍禁、去幾，率皆推寬大之恩以利於民，獨於盜賊，愈更嚴急。蓋以饑饉之歲，盜賊必多，殘害良民，不可不除。頃年嘗見州縣官吏，有不知治體，務爲小仁。遇凶年，劫盜斛斗，輒寬縱之，則盜賊公行，更相劫奪，鄉村大擾，不免廣有收捕，重加刑辟，或死或流，然後稍定。今若朝廷明降敕文，豫言與減等斷放，是勸民爲盜也。百姓乏食，當輕徭薄賦、開倉振貸以救其死，不當使之自相劫奪。今歲府界、京東、京西水災極多，嚴刑峻法以除盜賊，猶恐春冬之交，饑民嘯聚，不可禁禦，又況降敕以勸之。臣恐國家始於寬仁，而終於酷暴，意在活人而殺人更多也。」事報聞。

帝嘗御邇英閣經筵，講周禮「大荒大札，薄征緩刑」。楊安國曰：「緩刑者，乃過誤之民耳，當歲歉則赦之，憫其窮也。今衆持兵杖劫糧廩，一切寬之，恐不足以禁姦。」帝曰：「不然，天下皆吾赤子也。一遇饑饉，州縣不能振恤，饑莩所迫，遂至爲盜，又捕而殺之，不亦甚乎？」

仁宗聽斷，尤以忠厚爲主。隴安縣民誣平民五人爲劫盜，尉悉執之，一人掠死，四人遂引服。其家辨于州，州不爲理，悉論死。未幾，秦州捕得眞盜，隴州吏當坐法而會赦，帝怒，特貶知州孫濟爲雷州參軍，餘皆除名流嶺南。賜錢粟五家，復其役三年。因下詔戒敕州縣。廣州司理參軍陳仲約誤入人死，有司當仲約公罪，應贖。帝謂審刑院張揆曰：「死者不可復生，而獄吏雖廢，復得敍官。」命特治之，會赦勿敍用。尚書比部員外郎師仲說請老，自言恩得任子，帝以仲說嘗失入人死罪，不與。其重人命如此。

時近臣有罪，多不下吏劾實，不付有司議法。諫官王贄言：「情有輕重，理分故失，而一切出於聖斷，前後差異，有傷政體，刑法之官安所用哉？請自今悉付有司正以法。」詔可。近臣間有干請，輒爲言官所斥。諫官陳升之嘗言：「有司斷獄，或事連權倖，多以中旨釋之。請有緣中旨得釋者，劾其干請之罪，以違制論。」許之。仁宗於賞罰無所私，尤不以貴近廢法。屢戒有司：「被內降者，執奏，毋輒行。」未嘗屈法以自徇也。知虢州周日宣詭奏水災，有司論請如上書不實法。帝曰：「州郡多言符瑞，至水旱之災，或抑而不聞。今守臣自陳墊溺官私廬舍，意實在民，何可加罪？」

英宗在位日淺，於政令未及有所更制。然以吏習平安，慢於奉法，稍欲振起其怠惰。三班奉職和欽貸所部綱錢，至絞，帝命貸死免杖，刺隸福建路牢城。知審刑院盧士宗請稍寬其罪，帝曰：「刑故而得寬，則死者滋衆〔七〕，非『刑期無刑』之道。俟有過誤，貸無傷也。」富國倉監官受米濕惡，壞十八萬石，會恩當減，帝特命奪官停之。

熙寧二年，內殿崇班鄭從易母、兄俱亡於嶺外，歲餘方知，請行服。神宗曰：「父母在遠，當朝夕爲念。經時無安否之問，以至踰年不知存亡邪？」特除名勒停。四年，王存立言：「嘉祐中，同學究出身，爲碭山縣尉，嘗納官贖父配隸罪，請同舉人法，得免丁徭。」帝憫之，復賜出身，仍與注官。九年，知桂州沈起欲經略交阯，取其慈恩州，交人遂破欽，犯邕管。詔邊人橫遭屠戮，職其致寇，罪悉在起，特削官爵，編置遠惡州。

復讎，後世無法。仁宗時，單州民劉玉父爲王德毆死，德更赦，玉私殺德以復父讎。帝義之，決杖、編管。元豐元年，青州民王贇父爲人毆死，贇幼，未能復讎。幾冠，刺讎，斷支首祭父墓，自首。論當斬。帝以殺讎祭父，又自歸罪，其情可矜，詔貸死，刺配鄰州。宣州民葉元，有同居兄亂其妻，縊殺之，又殺兄子，強其父與嫂爲約契不訟。鄰里發其事，州爲上請，帝曰：「罪人以死，姦亂之事特出葉元之口，不足以定罪。且下民雖無知，固宜哀矜，然以妻子之愛，旣罔其父，又殺其兄，戕其姪，逆理敗倫，宜以毆兄至死律論。」

紹聖以來，連起黨獄，忠良屏斥，國以空虛。徽宗嗣位，外事耳目之玩，內窮聲色之欲，徵發亡度，號令靡常。於是蔡京、王黼之屬，得以誣上行私，變亂法制。崇寧五年，詔曰：「出令制法，重輕予奪在上。比降特旨處分，而三省引用敕令，以爲妨礙，沮抑不行，是以有司之常守，格人主之威福。夫擅殺生之謂王，能利害之謂王，何格令之有？臣強之漸，不可不戒。自今應有特旨處分，間有利害，明具論奏，虛心以聽；如或以常法沮格不行，以大不恭論。」明年，詔：「凡御筆斷罪，不許詣尚書省陳訴。如違，並以違御筆論。」又定令：「凡應承受御筆官府，稽滯一時杖一百，一日徒二年，二日加一等，罪止流三千里，三日以大不恭論。」由是吏因緣爲姦，用法巧文寖深，無復祖宗忠厚之志。窮極奢侈，以竭民力，自速禍機。靖康雖知悔悟，稍誅姦惡，而謀國匪人，終亦末如之何矣。

高宗性仁柔，其於用法，每從寬厚，罪有過貸，而未嘗過殺。知常州周杞擅殺人，帝曰：「朕日親聽斷，豈不能任情誅僇，顧非理耳。」卽命削杞籍。大理率以儒臣用法平允者爲之。獄官入對，卽以慘酷爲戒。臺臣、士曹有所平反，輒與之轉官。每臨軒慮囚，未嘗有送下者，曰：「吾恐有司觀望，鍛鍊以爲重輕也。」吏部員外郎劉大中奉使江南回，遷左司諫，帝尋以爲祕書少監。謂宰臣朱勝非曰：「大中奉使，頗多興獄，今使爲諫官，恐四方觀望耳。」其用心忠厚如此。後詔：「用刑慘酷責降之人，勿堂除及親民，止與遠小監當差遣。」

當建、紹間，天下盜起，往往攻城屠邑，至興師以討之，然得貸亦衆。同知樞密院事李回嘗奏強盜之數，帝曰：「皆吾赤子也，豈可一一誅之？誅其渠魁三兩人足矣。」至待貪吏則極嚴：應受贓者，不許堂除及親民；犯枉法自盜者，籍其名中書，罪至徒卽不敍，至死者，籍其貲。諸文臣寄祿官並帶「左」、「右」字，贓罪人則去之。是年，申嚴眞決贓吏法。令三省取具祖宗故事，有以舊法棄市事上者，帝曰：「何至爾耶？但斷遣之足矣。貪吏害民，雜用刑威，有不得已，然豈忍寘縉紳於死地邪？」

在徽宗時，刑法已峻。雖嘗裁定笞杖之制，而有司猶從重比。中興之初，詔用政和遞減法，自是迄嘉定不易。自蔡京當國，凡所請御筆以壞正法者，悉釐正之。諸獄具，令當職官依式檢校。枷以乾木爲之，輕重長短刻識其上，笞杖不得留節目，亦不得釘飾及加筋膠之類，仍用官給火印。暑月每五日一洗濯枷杻，刑、寺輪官一員，躬親監視。諸獄司並旬申禁狀，品官、命婦在禁，別具單狀。合奏案者，具情款招伏奏聞，法司朱書檢坐條例、推司錄問、檢法官吏姓名于後。

各州每年開收編配羈管奴婢人及斷過編配之數，各置籍。各路提點刑獄司，歲具本路州軍斷過大辟申刑部，諸州申提刑司。其應書禁曆而不書，應申所屬而不申，奏案不依式，檢坐開具違令，回報不圓致妨詳覆，與提刑司詳覆大辟而稽留、失覆大辟致罪有出入者，各抵罪。知州兼統兵者，非出師臨陳，毋用重刑。州縣月具繫囚存亡之數申提刑司，歲終比較，死囚最多者，當職官黜責，其最少者，襃賞之。

舊以絹計贓者，千三百爲一匹，竊盜至二貫者徒〔八〕。至是，又加優減，以二千爲一匹，盜至三貫者徒一年。三年〔九〕，復詔以三千爲一匹，竊盜及凡以錢定罪，遞增五分。四年，又詔：「特旨處死，情法不當者，許大理寺奏審。」

五年，歲終比較，宣州、衢州、福州無病死囚，當職官各轉一官；舒州病死及一分，惠州二分六釐，當職官各降一官。六年，令刑部體量公事，邵州、廣州、高州勘命官淹係至久不報，詔知州降一官，當職官展二年磨勘，當行吏永不收敍。德慶府勘封川縣令事，七月不報，詔知州、勘官各抵罪。九年，大理寺朱伯文廣西催斷刑獄，還言：「雷州海賊兩獄，並平人七人，內五人已死。」帝惻然，詔本路提刑以下重致罰。

十二年，御史臺點檢錢塘、仁和縣獄具，錢塘大杖，一多五錢半；仁和枷，一多一斤，一輕半斤。詔縣官各降一官。十三年，詔：「禁囚無供飯者，臨安日支錢二十文，外路十五文。」十六年，詔：「諸鞫獄追到干證人，無罪遣還者，每程給米一升半，錢十五文。」二十一年，詔官支病囚藥物錢。

舊法，刑部郎官四人，分左右廳，或以詳覆，或以敍雪〔10〕，同僚而異事，有防閑考覆之意。南渡以來，務從簡省，大理少卿止一員，刑部郎中初無分異，獄有不得其情，法有不當於理者，無所平反追改。二十六年，右司郎中汪應辰言之。詔刑部郎官依元豐法，分左右廳治事。二十七年，詔：「四川以錢引科罪者，準銅錢。」

孝宗究心庶獄，每歲臨軒慮囚，率先數日令有司進款案披閱，然後決遣。法司更定律令，必親爲訂正之。丞相趙雄上淳熙條法事類，帝讀至收騾馬、舟舡、契書稅，曰：「恐後世有算及舟車之譏。」戶令：「戶絕之家，許給其家三千貫，及二萬貫者取旨。」帝曰：「其家不幸而絕，及二萬貫迺取之，是有心利其財也。」又捕亡律：「公人不獲盜者，罰金。」帝曰：「罰金而不加罪，是使之受財縱盜也。」又：「監司、知州無額上供者賞。」帝曰：「上供既無額，是白取於民也，可賞以誘之乎？」並令削去之。其明審如此。

且於用刑，未嘗以私廢法。鎮江都統戚方以刻剝被罪，宰臣陳俊卿言內臣有主之者，帝曰：「朕亦聞之。」乃以內侍陳瑜、李宗回等付大理獄，究其賂狀，獄成，決配之。乾道二年下詔曰：「獄，重事也。用法一傾，則民無所措手足。比年以來，治獄之吏，巧持多端，隨意輕重之，朕甚患焉。其自今革玩習之弊，明審克之公，使姦不容情，罰必當罪，用迪於刑之中，勉之哉，毋忽！」三年，詔曰：「獄，重事也。稽者有律，當者有比，疑者有讞。比年顧以獄情白於執政，探取旨意，以為輕重〔二〕，甚亡謂也。自今其祗乃心，敬於刑，惟當為貴，毋習前非。不如吾詔，吾將大寘於罰，罔攸赦。」六年，詔：「以絹計贓者，更增一貫。以四千為一匹。」議者又言：「犯盜，以敕計錢定罪，以律計絹。今律以絹定罪者遞增一千，敕內以錢定罪，亦合例增一千。」從之。

臨安府左右司理、府院三獄，杖直獄子以無所給，至為無籍。七年，詔：「人月給錢十貫，米六斗，每院止許置一十二人。」時州縣獄禁淹延，八年，詔：「徒以上罪入禁三月者，提刑司類申刑部，置籍立限以督之。」其後，又詔中書置禁，奏取會籍，大臣按閱，以察刑寺稽違，與夫不應問難而問難，不應會而會者。

淳熙初，浙西提刑鄭興裔上檢驗格目，詔頒之諸路提刑司。凡檢覆必給三本：一申所屬，一申本司，一給被害之家。紹興法，鞫獄官推勘不得實，故有不當者，一案坐之。乾道法，又恐有移替事故者，卽致淹延，乃令先決罪人不當，官吏案後收坐。至是，所司請更定死罪依紹興法，餘依乾道施行，從之。其後，有司以覆勘不同，則前官有失入之罪，往往雷同前勘。帝知其弊，十四年，詔特免一案推結一次。於是小大之獄，多得其情。二廣州軍獄吏，畏憲司點檢送勘之害，凡有重囚，多斃於獄。臣僚以爲請，乃詔二廣提刑司詳覆公事，若小節不完，不須追逮獄吏，委本州究實保明；遇有死者，必根究其所以致死。

三衙及江上諸軍，各有推獄，謂之「後司」。獄成決于主帥，不經屬官，故軍吏多受財爲奸。光宗時，乃詔通曉條制屬官兼管之。廣東路瘴癘，惟英德府爲最甚，謂之「人間生地獄」。諸司公事欲速成者，多送之，自非死罪，至卽誣伏，亟就刑責以出。五年，臣僚言之，詔：「本路諸司公事應送別州者，無送英德府。」

至寧宗時，刑獄滋濫。嘉泰初，天下上死案，一全年千八百一十一人，而斷死者纔一百八十一人，餘皆貸之。乃詔諸憲臺，歲終檢舉州軍有獄空幷禁人少者，申省取旨。嘉定四年詔：「以絹計贓定罪者，江北鐵錢依四川法，二當銅錢一。」江西提刑徐似道言：「檢驗官指輕作重，以有爲無，差訛交互，以故吏姦出入人罪。乞以湖南正背人形隨格目給下，令於傷損去處，依樣朱紅書畫，唱喝傷痕，衆無異詞，然後署押。」詔從之，頒之天下。五年，詔三衙及江上、四川諸軍，以武舉人主管後司公事。

理宗起自民間，具知刑獄之弊。初卽位，卽詔天下恤刑，又親制審刑銘以警有位。每歲大暑，必臨軒慮囚。自謀殺、故殺、鬥殺已殺人者，僞造符印、會子，放火，官員犯入己贓，將校軍人犯枉法外，自餘死罪，情輕者降從流，流降從徒，徒從杖，杖已下釋之。大寒慮囚，及祈晴祈雪及災祥，亦如之。有一歲凡數疏決者。後以建康亦先朝駐蹕之地，罪人亦得視臨安減降之法。

帝之用刑可謂極厚矣，而天下之獄不勝其酷。每歲冬夏，詔提刑行郡決囚，提刑憚行，悉委倅貳，倅貳不行，復委幕屬。所委之人，類皆肆行威福，以要餽遺。監司、郡守，擅作威福，意所欲黥，則令入其當黥之由，意所欲殺，則令證其當死之罪，呼喝吏卒，嚴限日時，監勒招承，催促結款。而又擅置獄具，非法殘民，或斷薪爲杖，掊擊手足，名曰「掉柴」；或木索并施，夾兩脰，名曰「夾幫」；或纏繩於首，加以木楔，名曰「腦箍」；或反縛跪地，短豎壓木，交辦兩股，令獄卒跳躍於上，謂之「超棍」，痛深骨髓，幾於殞命。富貴之家，稍有譻望，勳籍其貲。又以趁辦月樁及添助版帳爲名，不問罪之輕重，並從科罰。大率官取其十，吏漁其百。

諸重刑，皆申提刑司詳覆，或具案奏裁，卽無州縣專殺之理，往往殺之而待罪。法無拘鎖之條，特州縣一時彈壓盜賊姦暴，罪不至配者，故拘鎖之，俾之省愆，或一月、兩月，或一季、半年，雖永鎖者亦有期限；有口食。是時，州縣殘忍，拘鎖者竟無限日，不支口食，淹滯囚係，死而後已。又以己私摧折手足，拘鎖尉砦。亦有豪強賂吏，羅織平民而囚殺之。甚至戶婚詞訟，亦皆收禁。有飲食不充，飢餓而死者；有無力請求，吏卒凌虐而死者；有爲兩詞賂遺，苦楚而死者。懼其發覺，先以病申，名曰「監醫」，實則已死；名曰「病死」，實則殺之。至度宗時，雖累詔切責而禁止之，終莫能勝，而國亡矣。

詔獄，本以糾大姦慝，故其事不常見。初，羣臣犯法，體大者多下御史臺獄，小則開封府、大理寺鞫治焉。神宗以來，凡一時承詔置推者，謂之「制勘院」，事出中書，則曰「推勘院」，獄已迺罷。

熙寧二年，命尙書都官郎中沈衡鞫前知杭州祖無擇于秀州，內侍乘驛追逮。御史張戩等言：「無擇三朝近侍，而驟繫囹圄，非朝廷以廉恥風厲臣下之意，請免其就獄，止就審問。」

不從。又命崇文院校書張載鞫前知明州、光祿卿苗振于越州。獄成，無擇坐貸官錢及借公使酒，謫忠正軍節度副使，振坐故入裴士堯罪及所爲不法，謫復州團練副使。獄半年乃決，辭所連逮官吏，坐勒停、衝替、編管又十餘人，皆御史王子韶啓其事。自是詔獄屢興，其悖于法及國體所繫者著之，其餘不足紀也。

八年，沂州民朱唐告前餘姚主簿李逢謀反。提點刑獄王庭筠言其無迹，但謗讟，語涉指斥及妄說休咎，請編配。帝疑之，遣御史臺推直官蹇周輔劾治。中書以庭筠所奏不當，并劾之。庭筠懼，自縊死。逢辭連宗室秀州團練使世居、醫官劉育等、河中府觀察推官徐革，詔捕繫臺獄，命中丞鄧綰、同知諫院范百祿與御史徐禧雜治。獄具，賜世居死，李逢、劉育及徐革並凌遲處死，將作監主簿張靖、武進士郝士宣皆腰斬，司天監學生秦彪、百姓李士寧杖脊，並湖南編管。餘連逮者追官落職。世居子孫貸死除名，削屬籍。舊勘鞫官吏並劾罪。

李士寧者，挾術出入貴人門，常見世居母康，以仁宗御製詩上之。百祿謂士寧熒惑世居致不軌，且疑知其逆謀，推問不服。禧乃奏：「士寧贈詩，實仁宗御製，今獄官以爲反因，臣不敢同。」百祿以士寧嘗與王安石善，欲鍛鍊附致妖言死罪，卒論士寧徒罪，而奏「禧故出之，以媚大臣」。詔詳劾理曲者以聞。百祿坐報上不實，落職。

若淩遲、腰斬之法，熙寧以前未嘗用於元凶巨蠹，而自是以口語狂悖致罪者，麗于極法矣。蓋詔獄之興，始由柄國之臣藉此以威縉紳，逞其私憾，朋黨之禍遂起，流毒不已。

紹聖間，章惇、蔡卞用事，既再追貶呂公著、司馬光，及謫呂大防等嶺外，意猶未快，仍用黃履疏、高士京狀追貶王珪，皆誣以「圖危上躬」，其言寖及宣仁，上頗惑之。最後，起同文館獄，將悉誅元祐舊臣。時太府寺主簿蔡渭奏：「臣叔父碩，嘗於邢恕處見文及甫元祐中所寄恕書，具述姦臣大逆不道之謀。及甫，彥博子也，必知姦狀。」詔翰林承旨蔡京、吏部侍郎安惇同究問。初，及甫與恕書，自謂：「畢禫當求外〔三〕，入朝之計未可必，聞已逆爲機穽，以榛塞其塗。」又謂：「司馬昭之心，路人所知。」又云：「濟之以粉昆，朋類錯立，欲以眇躬爲甘心快意之地。」及甫嘗語蔡碩，謂司馬昭指劉摯，粉昆指韓忠彥，眇躬，及甫自謂。蓋俗稱駙馬都尉爲「粉侯」，人以王師約故，呼其父克臣〔三〕爲「粉父」，忠彥乃嘉彥之兄也。及甫除都司，爲劉摯論列。又摯嘗論彥博不可除三省長官，故止爲平章重事。及彥博致仕，及甫自權侍郎以修撰守郡，母喪除，與恕書請補外，因爲躁忿詆毀之辭。及置對，則以昭比摯如舊，眇躬乃以指上，而粉昆乃謂指王巖叟面如傅粉，故曰「粉」，梁燾字況之，以「況」爲兄，故曰「昆」，斥摯將謀廢立，不利於上躬。京、惇言：「事涉不順，及甫止聞其父言，無他證佐，望別差官審問。」乃詔中書舍人蹇序辰審問，仍差內侍一員同往。

蔡京、安惇等共治之，將大有所誅戮，然卒不得其要領。會星變，上怒稍息，然京、惇極力鍛鍊不少置。既而梁燾卒於化州，劉摯卒於新州，衆皆疑二人不得其死。明年五月，詔：「摯、燾據文及甫等所供言語，偶逐人皆亡，不及考驗，明正典刑。摯、燾諸子並勒停，永不收敍。」先時，三省進呈，帝曰：「摯等已謫遐方，朕遵祖宗遺志，未嘗殺戮大臣，其釋勿治。」

初，元祐更政，嘗置訴理所，申理冤濫。元符元年，中丞安惇言：「神宗厲精圖治，明審庶獄，而陛下未親政時，姦臣置訴理所，凡得罪熙寧、元豐之間者，咸爲除雪，歸怨先朝，收恩私室。乞取公案，看詳從初加罪之意，復依元斷施行。」時章惇猶豫未應，蔡卞卽以「相公二心」之言迫之。惇懼，卽日置局，命蹇序辰同安惇看詳案內文狀陳述，及訴理所看詳於先朝言語不順者，具名以聞。自是，以伸雪復改正重得罪者八百三十家。

及徽宗卽位，改正元祐訴理之人。右正言陳瓘言：「訴理得罪，自語言不順之外，改正者七百餘人。無罪者既蒙昭雪，則看詳之官如蹇序辰、安惇者，安可以不加罪乎？序辰與惇受大臣諷諭，迎合紹述之意，因謂訴理之事，形迹先朝，遂使紛紛不已。考之公議，宜正典刑。」會中書省亦請治惇、序辰罪，詔蹇序辰、安惇並除名，放歸田里。

靖康初元，既戮梁方平，太傅王黼責授崇信軍節度副使，永州安置。言者論黼欺君罔上，專權怙寵，蠹財害民，壞法敗國，朔方之釁，黼主其謀。遣吏追至雍丘殺之，取其首以獻，仍籍其家。又詔賜拱衞大夫、安德軍承宣使李彥死。彥根括民田，奪民常產，重斂租課，百姓失業，愁怨溢路，官吏稍忤意，捃摭送獄，多至憤死，故特誅之。暴少保梁師成朋比王黼之罪，責彰化軍節度副使，行一日，追殺之。臺諫極論朱勔肆行姦惡，起花石綱，竭百姓膏血，罄州縣帑藏，子姪承宣、觀察者數人，廝役爲橫行，媵妾有封號，園第器用悉擬宮禁。三月，竄勔廣南，尋賜死。趙良嗣者，本燕人馬植。政和初，童貫使遼國，植邀於路，說以覆宗國之策，貫挾之以歸，卒用其計，以基南北之禍。至是，伏誅。七月，暴童貫十罪，遣人卽所至斬之。九月，言者論蔡攸興燕山之役，禍及天下，驕奢淫佚，載籍所無。詔誅攸幷弟絛。

高宗承大亂之後，治王時雍等賣國之罪，洪芻、余大均、陳沖、張卿才、李彝、王及之、周懿文、胡思文〔四〕並下御史臺獄。獄具，刑寺論芻納景王寵姬，大均納喬貴妃侍兒，及之苦辱寧德皇后女弟，當流；沖括金銀自盜，與宮人飲，當絞；懿文、卿才、彝與宮人飲，卿才、彝當徒，懿文當杖；思文於推擇張邦昌狀內添諂奉之詞，罰銅十斤：並該赦。上閱狀大怒，李綱等共解之，上亦新政，重於殺士大夫，乃詔芻、大均、沖各特貸命，流沙門島，永不放還；卿才、彝、及之、懿文、思文並以別駕安置邊郡。宋齊愈下臺獄，法寺以犯在五月一日赦前，奏裁。詔齊愈謀立異姓，以危宗社，非受僞命臣僚之比，特不赦，腰斬都市。詔東京及行在官擅離任者，並就本處根勘之。淮寧守趙子崧，靖康末，傳檄四方，語頗不遜。二年，詔御史置獄京口鞫之。情得，帝不欲暴其罪，以棄鎭江罪貶南雄州。

建炎三年四月，苗傅等疾閹宦恣橫，及聞王淵爲樞密，愈不平，乃與王世脩謀逆。詔御史捕世脩鞫之，斬於市。七月，韓世忠執苗傅等，磔之建康。統制王德擅殺軍將陳彥章，臺鞫當死，帝以其有戰功，特貸之。慶遠軍節度使范瓊領兵入見，面對不遜。知樞密院張浚奏瓊大逆不道，付大理寺鞫之，獄具，賜死。越州守郭仲荀，寇至棄城遁，過行在不朝。付御史臺、大理寺雜治，貶廣州。神武軍統制魯珏坐贓殺不辜，掠良家子女，帝以其有戰功，貸之，貶瑞州。

紹興元年，監察御史婁寅亮陳宗社大計，秦檜惡之。十一月，使言者論其父死匿不舉哀，下大理寺劾治，迄無所得，詔免所居官。十一年，樞密使張俊使人誣張憲，謂收岳飛文字謀爲變。秦檜欲乘此誅飛，命万俟卨鍛鍊成之。飛賜死，誅其子雲及憲于市。汾州進士智浹上書訟飛冤，決杖編管袁州。廣西帥胡舜陟與轉運使呂源有隙，源奏舜陟贓汚僭擬，又以書抵檜，言舜陟訕笑朝政。檜素惡舜陟，遣大理官往治之。十三年六月，舜陟不服，死於獄。飛與舜陟死，檜權愈熾，屢興大獄以中異己者，名曰詔獄，實非詔旨也。其後所謂詔獄，紛紛類此，故不備錄云。

校勘記

〔一〕開寶四年王元吉守英州　「四年」原作「三年」，「王」原作「董」，據本書卷二太祖紀、長編卷一二改。

〔二〕陝州　原作「峽州」，據長編卷一三、通考卷一七〇刑考改；下文「陝州奏」句同。

〔三〕坐決杖停職　「杖」字原脫，據宋會要刑法五之五、長編卷四九補。

〔四〕眞宗時　按本書卷四太宗紀、編年綱目卷五繫此事於太宗淳化五年，疑「眞宗」爲「太宗」之誤。

〔五〕五年　按本書卷九仁宗紀、長編卷一〇三都繫此事於天聖三年，疑「五」字爲「三」字之誤。

〔六〕司馬光時知諫院　按司馬溫公文集卷一八此疏題爲言除盜劄子，下注：「治平元年十月十日上。」趙汝愚國朝諸臣奏議卷一〇六題爲上英宗論災傷除盜疏，下注：「治平元年十月上，時知諫院。」司馬光治平元年知諫院有長編卷二〇三、編年綱目卷一七可證。此句以下至「事報聞」一段當係錯簡，應移至下文英宗與盧士宗論和欽罪罰之後。

〔七〕死者滋衆　宋會要刑法六之一六作「犯者滋甚」，疑「死」是「犯」字之訛。

〔八〕竊盜至二貫者徒　「貫」下原衍「十」字，按宋會要刑法三之六作「纔及兩貫，遂斷徒刑」；又下文「盜至三貫者徒一年」句，亦無「十」字，今删。

〔九〕三年　宋會要刑法三之五至六、繫年要錄卷六八繫此事於紹興三年，志文失書「紹興」紀元。

〔一〇〕敍雪　原作「敍審」，據本書卷一六三職官志、繫年要錄卷一七五、通考卷一六七刑考改。

〔一一〕以爲輕重　「爲輕」二字原倒，據中興聖政卷四六、宋史全文卷二四改。

〔一二〕畢禫當求外　「禫」原作「禪」；「朝」原作「廟」，據長編卷四九〇、編年綱目卷二四改。

〔一三〕克臣　原作「堯臣」，據本書卷二五〇王克臣傳、長編卷四九〇改。

〔一四〕胡思文　按宋會要刑法六之二五、職官七〇之五，繫年要錄卷八都作「胡思」，無「文」字。

宋史卷二百一

志第一百五十四

刑法三

天下疑獄，讞有不能決，則下兩制與大臣若臺諫雜議，視其事之大小，無常法，而有司建請論駮者，亦時有焉。

端拱初，廣安軍〔一〕民安崇緒隸禁兵，訴繼母馮與父知逸離，今奪資產與己子。大理當崇緒訟母，罪死。太宗疑之，判大理張佖固執前斷，遂下臺省雜議。徐鉉議曰：「今第明其母馮嘗離，即須歸宗，否即崇緒準法處死。今詳案內不曾離異，其證有四。況不孝之刑，教之大者，宜依刑部、大理寺斷。」右僕射李昉等四十三人議曰：「法寺定斷爲不當。若以五母皆同，即阿蒲雖賤，乃崇緒親母，崇緒特以田業爲馮強占，親母衣食不給，所以論訴。若從法寺斷死，則知逸何辜絕嗣，阿蒲何地托身？臣等議：田產並歸崇緒，馮合與蒲同居，供侍終身。如是，則子有父業可守，馮終身不至乏養。所犯並準赦原。」詔從昉等議，鉉、佖各奪奉一月。

熙寧元年七月，詔：「謀殺已傷，按問欲舉，自首，從謀殺減二等論〔三〕。」初，登州奏有婦阿云，母服中聘於韋，惡韋醜陋，謀殺不死。按問欲舉，自首。審刑院、大理寺論死，用違律為婚奏裁，敕貸其死。知登州許遵奏，引律「因犯殺傷而自首，得免所因之罪，仍從故殺傷法」，以謀為所因，當用按問欲舉條減二等。刑部定如審刑、大理。時遵方召判大理，御史臺劾遵，而遵不伏，請下兩制議。乃令翰林學士司馬光、王安石同議，二人議不同，遂各為奏。光議是刑部，安石議是遵，詔從安石所議。而御史中丞滕甫猶請再選官定議，御史錢顗請罷遵大理，詔送翰林學士呂公著韓維、知制誥錢公輔重定。公著等議如安石，制曰「可」。於是法官齊恢、王師元、蔡冠卿等皆論奏公著等所議為不當。又詔安石與法官集議，反覆論難。

明年二月庚子，詔：「今後謀殺人自首，並奏聽敕裁。」是月，除安石參知政事，於是奏以為：「律意，因犯殺傷而自首，得免所因之罪，仍從故殺傷法；若已殺，從故殺法，則為首者必死，不須奏裁；為從者自有編敕奏裁之文，不須復立新制。」與唐介等數爭議帝前，卒從安石議。復詔：「自今並以去年七月詔書從事。」判刑部劉述等又請中書、樞密院合議，中丞呂誨、御史劉琦錢顗皆請如述奏，下之二府。帝以爲律文甚明，不須合議。而曾公亮等皆以博盡同異、厭塞言者爲無傷，乃以衆議付樞密院。文彥博以爲：「殺傷者，欲殺而傷也，卽已殺者不可首。」呂公弼以爲：「殺傷於律不可首。請自今已殺傷依律，其從而加功自首，卽奏裁。」陳升之、韓絳議與安石略同。會富弼入相，帝令弼議，而以疾病，久之弗議。至是乃決，而弼在告，不預也。

蘇州民張朝之從兄以槍戳死朝父，逃去，朝執而殺之。審刑、大理當朝十惡不睦，罪死。案既上，參知政事王安石言：「朝父爲從兄所殺，而朝報殺之，罪止加役流〔三〕，會赦，應原。」帝從安石議，特釋朝不問。

更命呂公著等定議刑名，議不稱安石意，乃自具奏。初，曾公亮以中書論正刑名爲非，安石曰：「有司用刑不當，則審刑、大理當論正；審刑、大理用刑不當，卽差官定議；議既不當，卽中書自宜論奏，取決人主。此所謂國體。豈有中書不可論正刑名之理。」三年，中書上刑名未安者五：

其一，歲斷死刑幾二千人，比前代殊多。如強劫盜並有死法，其間情狀輕重，有絕相遠者，使皆抵死，良亦可哀。若爲從情輕之人別立刑，如前代斬右趾之比，足以止惡而除害。禁軍非在邊防屯戍而逃者，亦可更寬首限，以收其勇力之効。

其二，徒、流折杖之法，禁網加密，良民偶有抵冒，致傷肌體，爲終身之辱；愚頑之徒，雖一時創痛，而終無愧恥。若使情理輕者復古居作之法，遇赦第減月日，使良善者知改過自新，凶頑者有所拘繫。

其三，刺配之法二百餘條，其間情理輕者，亦可復古徒流移鄉之法，俟其再犯，然後決刺充軍。其配隸並減就本處，或與近地。凶頑之徒，自從舊法。編管之人，亦迭送他所，量立役作時限，無得髠鉗。

其四，令州縣考察士民，有能孝悌力田爲衆所知者，給帖付身。偶有犯令，情輕可恕者，特議贖罰；其不悛者，科決。

其五，奏裁條目繁多，致淹刑禁，亦宜删定。

詔付編敕所詳議立法。

初，韓絳嘗請用肉刑，曾布復上議曰：「先王之制刑罰，未嘗不本於仁，然而有斷肢體、刻肌膚以至於殺戮，非得已也。蓋人之有罪，贖刑不足以懲之，故不得已而加之以墨、劓、剕、宮、大辟，然審適輕重，則又有流宥之法。至漢文帝除肉刑而定笞箠之令，後世因之以爲律。大辟之次，處以流刑，代墨、劓、剕、宮，不惟非先王流宥之意，而又失輕重之差。古者鄉田同井，人皆安土重遷。流之遠方，無所資給，徒隸困辱，以至終身。近世之民，輕去鄉井，轉徙四方，固不爲患，而居作一年，卽聽附籍，比於古亦輕矣。況折杖之法，於古爲鞭扑之刑，刑輕不能止惡，故犯法日益衆，其終必至於殺戮，是欲輕而反重也。今大辟之目至多，取其情可貸者，處之以肉刑，則人之獲生者必衆。若軍士亡去應斬，賊盜贓滿應絞，則刖其足；犯良人於法應死，而情輕者處以宮刑。至於劓、墨，則用刺配之法。降此而後爲流、徒、杖、笞之罪，則制刑有差等矣。」議既上，帝問可否於執政，王安石、馮京互有論辨，迄不果行。

樞密使文彥博亦上言：「唐末、五代，用重典以救時弊，故法律之外，徒、流或加至於死。國家承平百年，當用中典，然猶因循，有重於舊律者，若僞造官文書，律止流二千里，今斷從絞。近凡僞造印記，再犯不至死者，亦從絞坐。夫持杖強盜，本法重於造印，今造印再犯者死，而強盜再犯贓不滿五匹者不死，則用刑甚異於律文矣。請檢詳刑名重於舊律者，以敕律參考，裁定其當。」詔送編敕所。

又詔審刑院、大理寺議重贓併滿輕贓法。審刑院言：「所犯各異之贓，不待罪等而累併，則於律義難通，宜如故事。」而大理寺言：「律稱，以贓致罪，頻犯者並累科；若罪犯不等者，卽以重贓併滿輕贓各倍論；累併不加重者，止從重。蓋律意以頻犯贓者，不可用二罪以上之法，故令累科；爲非一犯，故令倍論。此從寬之一也。然六贓輕重不等，若犯二贓以上者，不可累輕以從重，故令併重以滿輕。此從寬之二也。若以重併輕後加重，則止從一重，蓋爲進則改從於輕法，退亦不至於容姦。而疏議假設之法，適皆罪等者，蓋一時命文耳。若罪等者盡數累併，不等者止科一贓，則恐知法者足以爲姦，不知者但繫臨時幸與不幸，非律之本意也。」帝是大理議，行之。

八年，洪州民有犯徒而斷杖者，其餘罪會恩免，官吏失出，當劾。中書堂後官劉衮駁議，以謂：「律因罪人以致罪，罪人遇恩者，準罪人原法。洪州官吏當原。」又請自今官司出入人罪，皆用此令。而審刑院、大理寺以謂：「失入人罪，乃官司誤致罪於人，難用此令。其失出者，宜如衮議。」

元豐三年，周清言：「審刑院、刑部奏斷妻謀殺案問自首，變從故殺法，舉輕明重，斷入惡逆斬刑。竊詳律意，妻謀殺夫，已殺，合入惡逆，以按問自首，變從故殺法，宜用妻毆夫死法定罪。且十惡條，謀與故鬥殺夫，方入惡逆，若謀而未殺，止當不睦。既用舉輕明重，宜從謀而未殺法，依敕當決重杖處死，恐不可入惡逆斬刑。」下審刑院、刑部參詳，如清議。

邵武軍奏讞，婦與人姦，謀殺其夫，已而夫醉歸，姦者自殺之。法寺當婦謀殺爲從，而刑部郎中杜紘議婦罪應死。

又興元府奏讞，梁懷吉往視出妻之病，因寄粟，其子輒取食之，懷吉毆其子死。法寺以盜粟論，而當懷吉雜犯死罪，引赦原。而紘議出妻受寄粟，而其子輒費用，不入捕法。議既上，御史臺論紘議不當，詔罰金，仍展年磨勘。而侍郎崔台符以下三人無所可否，亦罰金。

八年，尚書省言：「諸獲盜，有已經殺人，及元犯強姦、強盜貸命斷配之人，再犯捕獲，有司例用知人欲告、或按問自首減免法。且律文自首減等斷遣者，爲其情非巨蠹，有改過自新之心。至於姦、盜，與餘犯不同，難以例減。請強盜已殺人，并強姦或元犯強盜貸命，若持杖三人以上，知人欲告、按問欲舉而自首，及因人首告應減者，並不在減等例。」初，王安石與司馬光爭議按問自首法，卒從安石議。至是，光爲相，復申前議改焉。乃詔：「強盜按問欲舉自首者，不用減等。」既而給事中范純仁言：「熙寧按問欲舉條並得原減，以容姦太多，元豐八年，別立條制。竊詳已殺人、強姦，於法自不當首，不應更用按問減等。至於貸命及持杖強盜，亦不減等，深爲太重。按嘉祐編敕：『應犯罪之人，因疑被執，贓證未明，或徒黨就擒，未被指說，但詰問便承，皆從律按問欲舉首減之科。若已經詰問，隱拒本罪，不在首減之例。』此敕當理，當時用之，天下號爲刑平。請於法不首者，自不得原減，其餘取嘉祐編敕定斷，則用法當情，上以廣好生之德，下則無一夫不獲之寃。」從之。

又詔：「諸州鞫訊強盜，情理無可憫，刑名無疑慮，而輒奏請，許刑部舉駁，重行朝典，無得用例破條。」從司馬光之請也。光又上言：「殺人不死，傷人不刑，堯、舜不能以致治。刑部奏鈔兗、懷、耀三州之民有鬭殺者，皆當論死，乃妄作情理可憫奏裁，刑部卽引舊例貸之。凡律、令、敕、式或不盡載，則有司引例以決。今鬭殺當死，自有正條，而刑部承例免死決配，是鬭殺條律無所用也。請自今諸州所奏大辟，情理無可憫，刑名無可疑，令刑部還之，使依法處斷。若實有可憫、疑慮，卽令刑部具其實於奏鈔，先擬處斷，門下省審覆。如或不當，及用例破條，卽駮奏取旨勘之。」

元祐元年，純仁又言：「前歲四方奏讞，大辟凡二百六十四，死者止二十五人，所活垂及九分。自去年改法，至今未及百日，所奏按凡一百五十四，死者乃五十七人，所活纔及六分已上。臣固知未改法前全活數多，其間必有曲貸，然猶不失『罪疑惟輕』之仁；自改法後，所活數少，其間必有濫刑，則深虧『寧失不經』之義。請自今四方奏大辟按，並令刑部、大理寺再行審覆，略具所犯及元奏因依，令執政取旨裁斷，或所奏不當，亦原其罪。如此則無冤濫之獄。」

又因尙書省言，遠方奏讞，待報淹繫，始令川、廣、福建、荊南路罪人，情輕法重當奏斷者，申安撫或鈐轄司酌情決斷乃奏。門下侍郎韓維言：「天下奏按，必斷於大理，詳議於刑部，然後上之中書，決之人主。近歲有司但因州郡所請，依違其言，卽上中書，貼例取旨，故四方奏讞日多於前。欲望刑清事省，難矣。自今大理寺受天下奏按，其有刑名疑慮、情理可憫，須具情法輕重條律，或指所斷之法，刑部詳審，次第上之。」詔刑部立法以聞。

崇寧五年，詔：「民以罪麗法，情有重輕，則法有增損。故情重法輕、情輕法重，舊有取旨之令。今有司惟情重法輕則請加罪，而法重情輕則不奏減，是樂於罪人，而難於用恕，非所以爲欽恤也。自今宜遵舊法取旨，使情法輕重各適其中，否則以違制論。」宣和六年，臣僚言：「元豐舊法，有情輕法重，情重法輕，若入大辟，刑名疑慮，並許奏裁。比來諸路以大辟疑獄決于朝廷者，大理寺類以『不當』劾之。夫情理巨蠹，罪狀明白，奏裁以幸寬貸，固在所戒；然有疑而難決者，一切劾之，則官吏莫不便文自營。臣恐天下無復以疑獄奏矣。願詔大理寺並依元豐法。」從之。

紹興初，州縣盜起，道不通，詔應奏裁者，權減降斷遣以聞。既而奏讞者多得輕貸，官無失入之虞，而吏有鬻獄之利，往往不應奏者，率奏之。

三年，乃詔大辟應奏者，提刑司具因依繳奏。宣州民葉全二盜檀偕窖錢，偕令佃人阮授、阮捷殺全二等五人，棄屍水中，有司以「屍不經驗」奏。侍御史辛炳言偕係故殺，衆證分明，以近降法，不應奏。諸獄不當奏而奏者雖不論罪，今宣州觀望，欲併罪之。帝曰：「若宣州加罪，則實有疑者亦不復奏陳矣。」於是法寺、刑部止罰金。

五年，給事中陳與義奏有司多妄奏出入人罪，帝爲申嚴立法，終不悛。

二十六年，右正言凌哲復上疏曰：「漢高入關，悉除秦法，與民約法三章耳。所謂殺人者死，實居其首。司馬光有言：『殺人者不死，雖堯、舜不能以致治。』斯言可謂至當矣。臣竊見諸路州、軍大辟，雖刑法相當者，類以可憫奏裁。自去歲郊後距今，大辟奏裁者五十餘人中，有實犯故殺、鬥殺常赦所不原者，法既無疑，情無可憫，刑、寺並皆奏裁貸減。彼殺人者可謂幸矣，被殺者銜恨九原，何時已邪？臣恐強暴之風滋長，良善之人，莫能自保，其於刑政，爲害非細。應今後大辟，情法相當、無可憫者，所司輒奏裁減貸者，乞令臺臣彈劾。」帝覽奏曰：「但恐諸路滅裂，實有情理可憫之人，一例不奏，有失欽恤之意。」令刑部坐條行下。

馴至乾道，讞獄之弊，日益滋甚。孝宗乃詔有司緣情引條定斷，更不奏裁。其後刑部侍郎方滋言：「有司斷罪，其間有情重法輕，情輕法重，情理可憫，刑名疑慮，命官犯罪，議親議故之類，難以一切定斷。今後宜於敕律條令，明言合奏裁事件，乞並依建隆三年敕文。」從之。

六年，臣僚請：「今後大辟，只以爲首應坐死罪者奏，爲從不應坐死者，先次決遣。及流、徒罪，不許作情重取旨。不然，則坐以不應奏而奏之罪。」從之。

至理宗時，往往讞不時報，囚多瘐死。監察御史程元鳳奏曰：「今罪無輕重，悉皆送獄，獄無大小，悉皆稽留。或以追索未齊而不問，或以供款未圓而不呈，或以書擬未當而不判，獄官視以爲常，而不顧其遲，獄吏留以爲利，而惟恐其速。奏案申牘既下刑部，遲延日月方送理寺。理寺看詳，亦復如之。寺回申部，部回申省，動涉歲月。省房又未遽爲呈擬，亦有呈擬而疏駁者，疏駁歲月，又復如前。展轉遲回，有一二年未報下者。可疑可矜，法當奏讞，矜而全之，乃反遲回。有矜貸之報下，而其人已斃於獄者；有犯者獲貸，而干連病死不一者，豈不重可念哉？請自今諸路奏讞，即以所發月日申御史臺，從臺臣究省、部、法寺之慢。」從之。而所司延滯，尋復如舊。

景定元年，乃下詔曰：「比詔諸提刑司，取翻異駁勘之獄，從輕斷決。而長吏監司多不任責，又引奏裁，甚者有十餘年不決之獄。仰提刑司守臣審勘，或前勘未盡，委有可疑，除命官、命婦、宗婦、宗女及合用蔭人奏裁外，其餘斷訖以聞。官吏特免收坐一次。」

凡應配役者傅軍籍，用重典者黥其面。會赦，則有司上其罪狀，情輕者，縱之；重者，終身不釋。初，徒罪非有官當贖銅者，在京師則隸將作監役，兼役之宮中，或輸作左校、右校役。開寶五年，御史臺言：「若此者，雖有其名，無復役使。遇祠祭，供水火，則有本司供官。望令大理依格斷遣。」於是並送作坊役之。

太宗以國初諸方割據，沿五代之制，罪人率配隸西北邊，多亡投塞外，誘羌爲寇，乃詔：「當徒者，勿復隸秦州、靈武、通遠軍及緣邊諸郡。」時江、廣已平，乃皆流南方。先是，犯死罪獲貸者，多配隸登州沙門島及通州海島，皆有屯兵使者領護。而通州島中凡兩處官鬻鹽，豪強難制者隸崇明鎮，懦弱者隸東州市。太平興國五年，始令分隸鹽亭役之，而沙門如故。端拱二年，詔免嶺南流配荷校執役。初，婦人有罪至流，亦執鍼配役。至是，詔罷免之。始令雜犯至死貸命者〔四〕，勿流沙門島，止隸諸州牢城。舊制，僮僕有犯，得私黥其面。帝謂：「僮使受傭，本良民也。」詔：「盜主財者，杖脊、黥面配牢城，勿私黥之。十貫以上，配五百里外；二十貫以上，奏裁。」帝欲寬配隸之刑，祥符六年，詔審刑院、大理寺、三司詳定以聞。既而取犯茶鹽礬麴、私鑄造軍器、市外蕃香藥、挾銅錢誘漢口出界、主吏盜貨官物、夜聚爲妖，比舊法咸從輕減。

乾興以前，州軍長吏，往往擅配罪人。仁宗即位，首下詔禁止，且令情非巨蠹者，須奏待報。又詔諸路按察官，取乾興赦前配隸兵籍者，列所坐罪狀以聞。自是赦書下，輒及之。初，京師裁造院募女工，而軍士妻有罪，皆配隸南北作坊。天聖初，特詔釋之，聽自便。婦人應配，則以妻窑務或軍營致遠務卒之無家者，著爲法。時又詔曰：「聞配徒者，其妻子流離道路，罕能生還，朕甚憐之。自今應配者，錄具獄刑名及所配地里，上尚書刑部詳覆。」未幾，又詔應配者，須長吏以下集聽事慮問。後以奏牘煩冗，罷錄具獄，第以單狀上承進司。既又罷慮問焉。

知益州薛田言：「蜀人配徒他路者，請雖老疾毋得釋。」帝曰：「遠民無知犯法，終身不得還鄉里，豈朕意哉？察其情可矜者許還。」後復詔罪狀獷惡者勿許。初，令配隸罪人皆奏待報，既而繫獄淹久，奏請煩數。明道二年，乃詔有司參酌輕重，著爲令。凡命官犯重罪，當配隸，則於外州編管，或隸牙校。其坐死特貸者，多杖、黥配遠州牢城，經恩量移，始免軍籍。天聖初，吏同時以贓敗者數人，悉竄之嶺南，下詔申儆在位。有平羌縣尉鄭宗諤者，受賕枉法抵死，會赦當奪官。帝問輔臣曰：「尉奉月幾何，豈祿薄不足自養邪？」王欽若對曰：「奉雖薄，廉士固亦自守。」特杖宗諤，配隸安州。其後數懲貪吏，至其末年，吏知以廉自飭，犯法者稍損於舊矣。

罪人貸死者，舊多配沙門島，至者多死。景祐中，詔當配沙門島者，第配廣南地牢城〔五〕；廣南罪人，乃配嶺北。然其後又有配沙門島者。慶曆三年，既疏理天下繫囚，因詔諸路配役人皆釋之。六年，又詔曰：「如聞百姓抵輕罪，而長吏擅刺隸他州，朕甚憫焉。自今非得於法外從事者，毋得輒刺罪人。」皇祐中，既赦，命知制誥曾公亮、李絢閱所配人罪狀以聞，於是多所寬縱。公亮請著爲故事，且請益、梓、利、夔四路就委轉運、鈐轄司閱之。自後每赦命官，率以爲常。配隸重者沙門島砦，其次嶺表，其次三千里至鄰州，其次羈管，其次遷鄉。斷訖，不以寒暑，即時上道。吳充建請：「流人冬寒被創，上道多凍死。請自今非情理巨蠹，遇冬月聽留役本處，至春月遣之。」詔可。

熙寧二年，比部郎中、知房州張仲宣嘗檄巡檢體究金州金阬〔六〕，無甚利。土人憚興作，以金八兩求仲宣不差官。及事覺，法官坐仲宣枉法贓應絞，援前比貸死，杖脊、黥配海島。知審刑院蘇頌言：「仲宣所犯，可比恐喝條。且古者刑不上大夫，仲宣官五品，有罪得乘車，今刑爲徒隸，其人雖無足矜，恐汚辱衣冠爾。」遂免杖、黥，流賀州。自是命官無杖、黥法。

六年，審刑院言：「登州沙門砦配隸，以二百人爲額，餘則移置海外，非禁姦之意。」詔以三百人爲額。廣南轉運司言：「春州瘴癘之地，配隸至者十死八九，願停配罪人。」詔：「應配沙門島者，許配春州，餘勿配。」既而諸配隸除凶盜外，少壯者並寘河州，止五百人。初，神宗以流人去鄉邑，疾死於道，而護送禁卒，往來勞費，用張誠一之議，隨所在配諸軍重役。後中丞黃履等言，罷之。凡犯盜，刺環於耳後：徒、流，方；杖，圓；三犯杖，移於面。徑不過五分。

元祐六年，刑部言：「諸配隸沙門島，強盜殺人縱火，贓滿五萬錢、強姦毆傷兩犯至死，累贓至二十萬錢、謀殺致死，及十惡死罪，造蠱已殺人者，不移配。強盜徒黨殺人不同謀，贓滿二十五萬，遇赦移配廣南，溢額者配隸遠惡。餘犯遇赦移配荆湖南北、福建路諸州，溢額者配隸廣南。在沙門島滿五年，遇赦不該移配與不許縱還而年及六十以上者，移配廣南。在島十年者，依餘犯格移配。篤疾或年及七十在島三年以上，移配近鄉州軍。犯狀應移而老疾者同。其永不放還者，各加二年移配。」後又定令：「沙門島已溢額，移配瓊州、萬安軍、昌化、朱崖軍。」

紹聖三年，刑部侍郎邢恕等言：「藝祖初定天下，主典自盜，贓滿者往往抵死。仁祖之初，尚不廢也。其後用法稍寬，官吏犯自盜，罪至極法，率多貸死。然甚者猶決刺配島，錢仙芝帶館職，李希甫歷轉運使，不免也。比朝廷用法益寬，主典人吏軍司有犯，例各貸死，略無差別。欲望講述祖宗故事，凡自盜，計贓多者，間出睿斷，以肅中外。」詔：「今後應枉法自盜，罪至死、贓數多者，並取旨。」

或患加役流法太重，官有監驅之勞，而道路有奔亡之慮。蘇頌元豐中嘗建議：「請依古置圜土〔七〕，取當流者治罪訖，髡首鉗足，晝則居作，夜則置之圜土。滿三歲而後釋，未滿歲而遇赦者，不原。既釋，仍送本鄉，譏察出入。又三歲不犯，乃聽自如。」時未果行。崇寧中，始從蔡京之請，令諸州築圜土以居強盜貸死者。晝則役作，夜則拘之，視罪之輕重，以爲久近之限。許出圜土日充軍〔八〕，無過者縱釋。行之二年，其法不便，迺罷。大觀元年，復行。四年，復罷。

南渡後，諸配隸，祥符編敕止四十六條，慶曆中，增至百七十餘條。至於淳熙，又增至五百七十條，則四倍於慶曆矣。配法既多，犯者日衆，黥配之人，所至充斥。淳熙十一年，校書郞羅點言其太重，乃詔刑、寺集議奏聞。至十四年，未有定論。其後臣僚議，以爲：「若止居役，不離鄉井，則幾惠姦，不足以懲惡；若盡用配法，不恤黥刺，則面目一壞，誰復顧藉？强民適長威力，有過無由自新。檢照元豐刑部格，諸編配人自有不移、不放及移放條限；政和編配格又有情重、稍重、情輕、稍輕四等。若依做舊格，稍加參訂，如入情重，則做舊刺面，用不移不放之格；其次稍重，則止刺額角，用配及十年之格；其次稍輕，則與免黥刺，用不刺面、役滿放還之格；其次最輕，則降爲居役，別立年限縱免之格。儻有從坐編管，則置之本城，減其放限。如此，則於見行條法並無牴牾，且使刺面之法，專處情犯凶蠹，而其他偶麗於罪，皆得全其面目，知所顧藉，可以自新。省黥徒，銷姦黨，誠天下之切務。」卽詔有司裁定，其後迄如舊制。

嘉泰四年，臣僚言：「配隸之人，蓋有兩等。其鄉民一時鬥毆殺傷，及胥吏〔九〕犯贓貸命流配等人，設使逃逸，未必能爲大過，止欲從徒，配本州牢城重役，限滿給據，復爲良民。至於累犯強盜，及聚衆販賣私商，曾經殺傷捕獲之人，非村民、胥吏之比，欲並配屯駐軍，立爲年限，限滿改刺從正軍。」從之。其所配之地，自高宗來，或配廣南海外四州，或配淮、漢、四川，迄度宗之世無定法，皆不足紀也。

凡內外所上刑獄，刑部、審刑院、大理寺參主之，又有糾察在京刑獄司以相審覆。官制既行，罷審刑、糾察，歸其職於刑部。四方之獄，則提點刑獄統治之。官司之獄：在開封，有府司、左右軍巡院；在諸司，有殿前、馬步軍司及四排岸；外則三京府司、左右軍巡院，諸州軍院、司理院，下至諸縣皆有獄。諸獄皆置樓牖，設漿鋪席，時具沐浴，食令温暖，寒則給薪炭、衣物，暑則五日一滌枷杻。郡縣則所職之官躬行檢視，獄敝則修之使固。

神宗即位初，詔曰：「獄者，民命之所繫也。比聞有司歲考天下之奏，而多瘐死。深惟獄吏並緣爲姦，檢視不明，使吾元元横罹其害。書不云乎：『與其殺不辜，寧失不經。』其具爲令：應諸州軍巡司院所禁罪人，一歲在獄病死及二人，五縣以上州歲死三人，開封府司、軍巡歲死七人，推吏、獄卒皆杖六十，增一人則加一等，罪止杖一百。典獄官如推獄，經兩犯即坐從違制。提點刑獄歲終會死者之數上之，中書檢察。死者過多，官吏雖已行罰，當更黜責。」

未幾，復詔：「失入死罪，已決三人，正官除名編管，貳者除名，次貳者免官勒停，吏配隸千里。二人以下，視此有差。不以赦降、去官原免。未決，則比類遞降一等；赦降、去官，又減一等。令審刑院、刑部斷議官，歲終具嘗失入徒罪五人以上，京朝官展磨勘年，幕職、州縣官展考，或不與任滿指射差遣，或罷，仍即斷絕支賜。」以前法未備，故有是詔。又嘗詔：「官司失入人罪，而罪人應原免，官司猶論如法，即失出人罪；若應徒而杖，罪人應原免者，官司乃得用因罪人以致罪之律。」

帝以國初廢大理獄非是，元豐元年詔曰：「大理有獄尚矣。今中都官有所劾治，皆寓繫開封諸獄，囚既猥多，難於隔訊，盛夏疾疫，傳致瘐死，或主者異見，歲時不決，朕甚愍焉。其復大理獄，置卿一人，少卿二人，丞四人，專主鞫訊；檢法官二人，主簿一人。應三司、諸寺監吏犯杖、笞不俟追究者，聽即決，餘悉送大理獄。其應奏者，並令刑部、審刑院詳斷。應天下奏按亦上之。」五年，分命少卿左斷刑、右治獄。斷刑則評事、檢法詳斷〔一〇〕，丞議，正審；治獄則丞專推劾，主簿掌按籍，少卿分領其事，而卿總焉。六年，刑部言：「舊詳斷官分公按訖，主判官論議改正，發詳議官覆議。有差失問難，則書於檢尾，送斷官改正，主判官審定，然後判成。自詳斷官歸大理爲評事、司直，議官爲丞，所斷按草，不由長貳，類多差忒。」迺定制：分評事、司直與正爲斷司，丞與長貳爲議司。凡斷公按，正先詳其當否，論定則簽印注日，移議司覆議，有辨難，乃具議改正，長貳更加審定，然後判成錄奏。

元祐初，三省言：「舊置糾察司，蓋欲察其違慢，所以謹重獄事，罷歸刑部，無復糾察之制。請以糾察職事，委御史臺刑察兼之，臺獄則尚書省右司糾察之。」

三年，罷大理寺獄。初，大理置獄，本以囚繫淹滯，俾獄事有所統，而大理卿崔台符等不能奉承德意，雖士大夫若命婦，獄辭小有連逮，輒捕繫。凡邏者所探報，即下之獄。傅會鍛鍊，無不誣服。至是，台符等皆得罪，獄迺罷。

八年，中書省言：「昨詔內外，歲終具諸獄囚死之數。而諸路所上，遂以禁繫二十而死一者不具，即是歲繫二百人，許以十人獄死，恐州縣弛意獄事，甚非欽恤之意。」詔刑部自今不許輒分禁繫之數。紹聖二年〔二〕，戶部如三司故事，置推勘檢法官，應在京諸司事干錢穀當追究者，從杖已下即定斷。

三年〔三〕，復置大理寺右治獄，官屬視元豐員，仍增置司直一員。大理卿路昌衡請：「分大理寺丞爲左、右推，若有飜異，自左移右。再變，即命官審問，或御史臺推究。不許開封府互勘及地分探報，庶革互送挾讐之弊。徒已上罪，移御史臺。命官追攝者，悉依條。若探報涉虛、用情託者，並收坐以聞。」

初，法寺斷獄，大辟失入有罰，失出不坐。至是，以失出死罪五人比失入一人，失出徒、流罪三名，亦如之。著爲令。元符三年，刑部言：「祖宗重失入之罪，所以恤刑。夫失出，臣下之小過；好生，聖人之大德。請罷失出之責，使有司讞議之間，務盡忠恕。」詔可。政和三年，臣僚言：「遠方官吏，文法既疏，刑罰失中，不能無冤。願委耳目之官，季一分錄所部四禁，遇有冤抑，先釋而後以聞。歲終較所釋多寡，爲之殿最。其徼功故出有罪者，論如法。」詔令刑部立法：「諸入人徒、流之罪已結案，而錄問官吏能駮正，或因事而能推正者，累及七人，比大辟一名推賞。」

紹興六年，令諸鞫勘有情款異同而病死者，提刑司研究之，如冤，申朝廷取旨。十二年，令諸推究翻異獄，毋差初官、蔭子及新進士，擇曾經歷任人。二十七年，令監察御史每冬夏點獄，有鞫勘失實者，照刑部郎官，直行移送。二十九年，令殺人無證、屍不經驗之獄，具案奏裁，委提刑審問。如有可疑及翻異，從本司差官重勘，案成上本路，移他監司審定，具案聞奏。否則監司再遣官勘之，又不伏，復奏取旨。先是，有司建議：「外路獄三經翻異，在千里內者移大理寺。」三十一年，刑部以爲非祖宗法，遂釐正之。乾道中，諸州翻異之囚，既經本州，次檄隣路，或再翻異，乃移隔路，至有越兩路者。官吏旁午於道，逮繫者困於追對。四年，乃令：「鞫勘本路累嘗差官猶稱冤者，惟檄隣路，如尙翻異，則奏裁。」淳熙三年，令縣尉權縣事，毋自鞫獄，卽令丞、簿參之。全闕，則於州官或隣縣選官權攝。

金作贖刑，蓋以鞭扑之罪，情法有可議者，則寬之也。穆王贖及五刑，非法矣。宋損益舊制，凡用官蔭得減贖，所以尊爵祿、養廉耻也。

乾德四年，大理正高繼申上言：「刑統名例律：三品、五品、七品以上官，親屬犯罪，各有等第減贖。恐年代已深，不肖自恃先蔭，不畏刑章。今犯罪身無官，須祖、父曾任本朝官，據品秩得減贖；如仕于前代，須有功惠及民、爲時所推、歷官三品以上，乃得請。」從之。後又定：「流內品官任流外職，準律文，徒罪以上依當贖法。諸司授勒留官及歸司人犯徒流等罪，公罪許贖，私罪以決罰論。」淳化四年，詔諸州民犯罪，或入金贖，長吏得以任情而輕重之，自今不得以贖論。婦人犯杖以下，非故爲，量輕重笞罰或贖銅釋之。

仁宗深憫夫民之無知也，欲立贖法以待薄刑，迺詔有司曰：「先王用法簡約，使人知禁而易從。後代設茶、酒、鹽稅之禁，奪民厚利，刑用滋章。今之編敕，皆出律外，又數改更，官吏且不能曉，百姓安得聞之？一陷于理，情雖可哀，法不得贖。豈禮樂之化未行，而專用刑罰之弊與？漢文帝使天下人入粟於邊，以受爵免罪，幾于刑措。其議科條非著于律者，或冒利犯禁，奢侈違令，或過悞可憫，別爲贖法。鄉民以穀麥，市人以錢帛，使民重穀麥，免刑罰，則農桑自勸，富壽可期矣。」詔下，論者以爲富人得贖而貧者不能免，非朝廷用法之意。時命輔臣分總職事，以參知政事范仲淹領刑法，未及有所建明而仲淹罷，事遂寢。至和初，又詔：「前代帝王後，嘗仕本朝官不及七品者，祖父母、父母、妻子罪流以下，聽贖。雖不仕而嘗被賜予者，有罪，非巨蠹，亦如之。」隨州司理參軍李抃父毆人死，抃上所授官以贖父罪，帝哀而許之。君子謂之失刑，然自是未嘗爲比。而終宋之世，贖法惟及輕刑而已。

恩宥之制，凡大赦及天下，釋雜犯死罪以下，甚則常赦所不原罪，皆除之。凡曲赦，惟一路或一州，或別京，或畿內。凡德音，則死及流罪降等，餘罪釋之，間亦釋流罪。所被廣狹無常。又，天子歲自錄京師繫囚，畿內則遣使，往往雜犯死罪以下，第降等，杖、笞釋之，或徒罪亦得釋。若并及諸路，則命監司錄焉。

初，太宗嘗因郊禮議赦，有秦再恩者，上書願勿赦，引諸葛亮佐劉備數十年不赦事。帝頗疑之。時趙普對曰：「凡郊祀肆眚，聖朝彝典，其仁如天，若劉備區區一方，臣所不取。」上善之，遂定赦。

初，太祖將祀南郊，詔：「兩京、諸道，自十月後犯強竊盜，不得預郊祀之赦。所在長吏告諭，民無冒法。」是後將祀，必先申明此詔。天聖五年，馬亮言：「朝廷雖有是詔，而法官斷獄，乃言終是會赦，多所寬貸，惠姦失詔旨。」遂詔：「已下約束而犯劫盜，及官典受贓，勿復奏，悉論如律。」七年春，京師雨，彌月不止。仁宗謂輔臣曰：「豈政事未當天心耶？」因言：「向者大辟覆奏，州縣至於三，京師至於五，蓋重人命如此。其戒有司，決獄議罪，毋或枉濫。」又曰：「赦不欲數，然捨是無以召和氣。」遂命赦天下。

帝在位久，明於人之情僞，尤惡訐人陰事，故一時士大夫習爲惇厚。久之，小人乘間密上書，疏人過失，好事稍相與唱和，又按人赦前事。翰林學士張方平、御史呂誨以爲言，因下詔曰：「蓋聞治古，君臣同心，上下協穆，而無激訐之俗，何其德之盛也！朕窺慕焉。嘉與公卿大夫同底斯道，而教化未至，澆薄日滋。比者中外羣臣，多上章言人過失，暴揚難驗之罪，或外託公言，內緣私忿，詆欺曖昧，苟陷善良。又赦令者，所以與天下更始，而有司多舉按赦前之事，殆非信命令〔三〕，重刑罰，使人洒心自新之意也。今有上言告人罪，言赦前事者，訊之。至於言官，宜務大體，非事關朝政，自餘小過細故，勿須察舉。」

神宗卽位，又詔曰：「夫赦令，國之大恩，所以蕩滌瑕穢，納於自新之地，是以聖王重焉。中外臣僚多以赦前事捃摭吏民，興起獄訟，苟有詿誤，咸不自安，甚非持心近厚之義，使吾號令不信於天下。其內外言事、按察官，毋得依前舉劾，具按取旨，否則科違制之罪。御史臺覺察彈奏，法寺有此奏按，許舉駁以聞。」知諫院司馬光言曰：「按察之官，以赦前事興起獄訟，禁之誠爲大善。至於言事之官，事體稍異。何則？御史之職，本以繩按百僚，糾擿隱伏。姦邪之狀，固非一日所爲。國家素尚寬仁，數下赦令，或一歲之間至於再三，若赦前之事皆不得言，則其可言者無幾矣。萬一有姦邪之臣，朝廷不知，誤加進用，御史欲言則違今日之詔，若其不言，則陛下何從知之。臣恐因此言者得以藉口偷安，姦邪得以放心不懼。此乃人臣之至幸，非國家之長利也。請追改前詔，刊去『言事』兩字。」光論至再，帝諭以「言者好以赦前事誣人」，光對曰：「若言之得實，誠所欲聞，若其不實，當罪言者。」帝命光送詔于中書。

熙寧七年三月，帝以旱，欲降赦。時已兩赦，王安石曰：「湯旱，以六事自責曰：『政事不節與？』若一歲三赦，是政不節矣，非所以弭災也。」乃止。八年，編定廢免人敍格，常赦則郡縣以格敍用，凡三朞一敍，卽朞未滿而遇非次赦者，亦如之。

元祐元年，門下省言：「當官以職事墮曠，雖去官不免，猶可言；至於赦降大恩，與物更始，雖劫盜殺人亦蒙寬宥，豈可以一事差失，負罪終身？今刑部所修不以去官、赦降原減條〔四〕，請更删改。」

徽宗在位二十五年，而大赦二十六，曲赦十四，德音三十七。而南渡之後，紹熙歲至四赦，蓋刑政紊而恩益濫矣。

宋自祖宗以來，三歲遇郊則赦，此常制也。世謂三歲一赦，於古無有。景祐中，言者以爲：「三王歲祀圜丘，未嘗輒赦。自唐興兵以後，事天之禮不常行，因有大赦，以蕩亂獄。且有罪者寬之未必自新，被害者抑之未必無怨。不能自新，將復爲惡，不能無怨，將悔爲善。一赦而使民悔善長惡，政教之大患也。願罷三歲一赦，使良民懷惠，凶人知禁。或謂未可盡廢，卽請命有司，前郊三日理罪人，有過誤者引而赦之。州縣須詔到倣此。」疏奏，朝廷重其事，第詔：「罪人情重者，毋得以一赦免。」然亦未嘗行。

校勘記

〔一〕廣安軍　原作「廣定軍」。按通考卷一七〇刑考作「廣安軍」，本書卷八九地理志有廣安軍，屬潼川府路。又通考載徐鉉所舉安崇緒繼母馮未曾與其父離異之證，有「遂州公論」「固非事實」等語。遂州亦屬潼川府路，「廣定軍」當卽「廣安軍」之誤，據改。

〔二〕熙寧元年七月詔謀殺已傷按問欲舉自首從謀殺減二等論　「七月」，原作「八月」，「二等」，原作「三等」，據本卷下文及本書卷一四神宗紀、長編紀事本末卷七五改。

〔三〕罪止加役流　「役流」二字原倒，據宋會要刑法四之七五、通考卷一七〇刑考改。

〔四〕始令雜犯至死貸命者　按此句以下至「止隸諸州牢城」，宋會要刑法四之三繫於咸平元年十二月，疑「始令」上有脫文。

〔五〕廣南地牢城　按長編卷一一九、通考卷一六八刑考作「廣南遠惡地牢城」，宋會要刑法四之一九作「廣南遠惡軍牢城」，疑此處「地」上脫「遠惡」二字。

〔六〕比部郎中知房州張仲宣嘗檄巡檢體究金州金阬　「房州」，通考卷一六七刑考作「金州」，本書卷三四〇蘇頌傳也作「金州」，並稱：「仲宣所部金坑，發檄巡檢體究，其利甚微。」本書卷八五地理志也稱金州貢金，而房州無之。疑「房州」爲「金州」之誤。

〔七〕請依古置圜土　「置」字原脫，據下文「崇寧中」條「令諸州築圜土」句及葉夢得石林燕語卷二補。

〔八〕許出圜土日充軍　「日」字原脫，據宋會要刑法四之三二補。

〔九〕胥吏　原作「胥徒」，據下文和宋會要刑法四之六四、通考卷一六八刑考改。

〔一〇〕斷刑則評事檢法詳斷　「詳斷」二字原脫，據宋會要職官二四之一五、通考卷一六七刑考補。

〔一一〕紹聖二年　按長編卷四一〇、宋會要刑法三之六八及職官二四之一〇都作元祐三年。

〔一二〕三年　按本書卷一八哲宗紀、宋會要職官二四之一二都作紹聖二年。

〔一三〕殆非信命令　「令」字原脫，據通考卷一七三刑考補。

〔一四〕今刑部所修不以去官赦降原減條　「去」字原脫，據宋會要刑法一之一五、通考卷一七三刑考補。

宋史卷二百二

志第一百五十五

藝文一

易曰：「觀乎天文，以察時變；觀乎人文，以化成天下。」文之有關於世運，尚矣。然書契以來，文字多而世代日降；秦火而後，文字多而世教日興，其故何哉？蓋世道升降，人心習俗之致然，非徒文字之所爲也。然去古既遠，苟無斯文以範防之，則愈趨而愈下矣。故由秦而降，每以斯文之盛衰，占斯世之治忽焉。

宋有天下，先後三百餘年。考其治化之汙隆，風氣之離合，雖不足以儗倫三代，然其時君汲汲於道藝，輔治之臣莫不以經術爲先務，學士搢紳先生，談道德性命之學，不絕于口，豈不彬彬乎進於周之文哉！宋之不競，或以爲文勝之弊，遂歸咎焉，此以功利爲言，未必知道者之論也。

歷代之書籍，莫厄於秦，莫富於隋、唐。隋嘉則殿書三十七萬卷。而唐之藏書，開元最盛，爲卷八萬有奇。其間唐人所自爲書，幾三萬卷，則舊書之傳者，至是蓋亦鮮矣。陵遲逮于五季，干戈相尋，海寓鼎沸，斯民不復見詩、書、禮、樂之化。周顯德中，始有經籍刻板，學者無筆札之勞，獲覩古人全書。然亂離以來，編帙散佚，幸而存者，百無二三。

宋初，有書萬餘卷。其後削平諸國，收其圖籍，及下詔遣使購求散亡，三館之書，稍復增益。太宗始於左昇龍門北建崇文院，而徙三館之書以實之。又分三館書萬餘卷，別爲書庫，目曰「祕閣」。閣成，親臨幸觀書，賜從臣及直館宴。又命近習侍衞之臣，縱觀羣書。眞宗時，命三館寫四部書二本，置禁中之龍圖閣及後苑之太淸樓，而玉宸殿、四門殿亦各有書萬餘卷。又以祕閣地隘，分內藏西庫以廣之，其右文之意，亦云至矣。已而王宮火，延及崇文、祕閣，書多煨燼。其僅存者，遷于右掖門外，謂之崇文外院，命重寫書籍，選官詳覆校勘，常以參知政事一人領之，書成，歸于太淸樓。

仁宗既新作崇文院，命翰林學士張觀等編四庫書，倣開元四部錄爲崇文總目，書凡三萬六百六十九卷。神宗改官制，遂廢館職，以崇文院爲祕書省，祕閣經籍圖書以祕書郎主之，編輯校定，正其脫誤，則主于校書郎。

徽宗時，更崇文總目之號爲祕書總目。詔購求士民藏書，其有所祕未見之書足備觀采者，仍命以官。且以三館書多逸遺，命建局以補全校正爲名，設官總理，募工繕寫。一置宣和殿，一置太淸樓，一置祕閣。自熙寧以來，搜訪補輯，至是爲盛矣。

嘗歷考之，始太祖、太宗、眞宗三朝，三千三百二十七部，三萬九千一百四十二卷。次仁、英兩朝，一千四百七十二部，八千四百四十六卷。次神、哲、徽、欽四朝，一千九百六部，二萬六千二百八十九卷。三朝所錄，則兩朝不復登載，而錄其所未有者。四朝於兩朝亦然。最其當時之目，爲部六千七百有五，爲卷七萬三千八百七十有七焉。

迨夫靖康之難，而宣和、館閣之儲，蕩然靡遺。高宗移蹕臨安，乃建祕書省於國史院之右，搜訪遺闕，屢優獻書之賞，於是四方之藏，稍稍復出，而館閣編輯，日益以富矣。當時類次書目，得四萬四千四百八十六卷。至寧宗時續書目，又得一萬四千九百四十三卷，視崇文總目，又有加焉。

自是而後，迄於終祚，國步艱難，軍旅之事，日不暇給，而君臣上下，未嘗頃刻不以文學爲務，大而朝廷，微而草野，其所製作、講說、紀述、賦詠，動成卷帙，絫而數之，有非前代之所及也。雖其間釽裂大道，疣贅聖謨，幽怪恍惚，瑣碎支離，有所不免，然而瑕瑜相形，雅鄭各趣，譬之萬派歸海，四瀆可分，繁星麗天，五緯可識，求約於博，則有要存焉。

宋舊史，自太祖至寧宗，爲書凡四。志藝文者，前後部帙，有亡增損，互有異同。今删其重復，合爲一志，蓋以寧宗以後史之所未錄者〔一〕，倣前史分經、史、子、集四類而條列之，大凡爲書九千八百十九部，十一萬九千九百七十二卷云。

經類十：一曰易類，二曰書類，三曰詩類，四曰禮類，五曰樂類，六曰春秋類，七曰孝經類，八曰論語類，九曰經解類，十曰小學類。

周易古經一卷

薛貞注歸藏三卷

易傳十卷題卜子夏傳。

周易上下經六卷

繫辭說卦序卦雜卦三卷韓康伯注。

鄭玄周易文言注義一卷

王弼略例一卷

易辨一卷

阮嗣宗通易論一卷

干寶易傳十卷

易髓八卷晉人撰，不知姓名。

孔穎達正義十四卷

玄談六卷

易正義補闕七卷

任正一甘棠正義三十卷

關朗易傳一卷

王肅傳十一卷

陸德明釋文一卷

衞元嵩周易元包十卷蘇源明〔二〕傳，李江注。

李鼎祚集解十卷

史文徽〔三〕易口訣義六卷

成玄英流演窮寂圖五卷

蔡廣成啓源十卷

又周易外義三卷

沙門一行傳十二卷

王隱要削三卷

陸希聲傳十三卷

郭京舉正三卷

東鄉助物象釋疑一卷

邢璹補闕周易正義略例疏三卷

李翺易詮七卷

張弧周易上經王道小疏五卷

張韓啓玄一卷

青城山人揲蓍法一卷

王昭素易論三十三卷

縱康乂〔四〕周易會通正義三十三卷

陰洪道〔五〕周易新論傳疏十卷

陳摶易龍圖一卷

范諤昌大易源流圖一卷

又證墜簡一卷

胡旦易演聖通論十六卷

石介口義十卷

代淵周易旨要二十卷

何氏易講疏十三卷不著名。

陸秉意學十卷

古易十三卷出王洙家。
王洙言象外傳十卷
劉牧新注周易十一卷
又卦德通論一卷
易數鈎隱圖一卷
吳祕周易通神一卷
黃黎獻略例一卷
又室中記師隱訣一卷
龔鼎臣補注易六卷
彭汝礪易義十卷
趙令湑易發微十卷
喬執中易說十卷
趙仲銳易義五卷
謝湜易義十二卷
譚世勣易傳十卷
陸太易周易口訣七卷
冀珍周易闡微詩六卷
李贇周易說九卷
張果周易罔象成名圖一卷
裴通周易玄解三卷
邵雍皇極經世十二卷
又敍篇系述二卷
觀物外篇六卷門人張崏記雍之言。
觀物內篇解二卷雍之子伯溫編。
邵伯溫周易辨惑一卷
常豫易源一卷
徐庸周易意蘊凡例總論一卷
又卦變解二卷
宋咸易訓三卷
又易補注十卷

又劉牧王弼易辨二卷
皇甫泌易解十九卷
鄭揚庭時用書二十卷
又明用書九卷
易傳辭三卷
易傳辭後語一卷
陳良獻周易發隱二十卷
石汝礪乾生歸一圖十卷
鮑極周易重注十卷
葉昌齡圖義二卷
胡瑗易解一十二卷
口義十卷
繫辭說卦三卷
歐陽脩易童子問三卷
阮逸易筌六卷
王安石易解十四卷
尹天民易論要纂一卷
又易說拾遺二卷
司馬光易說一卷
又三卷
繫辭說二卷
鮮于侁周易聖斷七卷
蘇軾易傳九卷
程頤易傳九卷
又易繫辭解一卷
張載易說十卷
呂大臨易章句一卷
龔原續解易義十七卷
又易傳十卷
李平西河圖傳一卷

李遇刪定易圖序論六卷
張弼易解義十卷
顧叔思周易義類三卷
劉槩易繫辭十卷
晁說之錄古周易八卷
晁說之〔六〕太極傳五卷
因說一卷
太極外傳一卷
游酢易說一卷
耿南仲易解義十卷
安泳周易解義一部卷亡。
陳瓘了齋易說一卷
鄒浩繫辭纂義二卷
張根易解九卷
周易六十四卦賦一卷題潁川陳君作，名亡。

林德祖易說九卷
陳禾易傳十二卷
李授之易解通義三十卷
朱震易傳十一卷
卦圖三卷
易傳叢說一卷
張汝明易索十三卷
郭忠孝兼山易解二卷
又四學淵源論三卷
任奉古周易發題一卷
陳高八卦數圖二卷
林儵易說十二卷
變卦八卷
變卦纂集一卷
凌唐佐集解六卷

袁樞學易索隱一卷
夏休講義九卷
郭雍傳家易解十一卷
沈該易小傳六卷
都絜易變體十六卷
鄭克揲蓍古法一卷
吳沆易璇璣三卷
李椿年易解八卷
　疑問一卷
李光易說十卷
李衡易義海撮要十二卷
洪興祖易古經考異釋疑一卷
張行成元包數總義二卷
　述衍十八卷
　通變四十八卷

晁公武易詁訓傳十八卷
胡銓易傳拾遺十卷
程大昌易原十卷
　又易老通言十卷
楊萬里易傳二十卷
林栗易經傳集解三十六卷
李舜臣易本傳三十三卷
曾穜大易粹言十卷
呂祖謙定古易十二篇爲一卷
　又音訓二卷
　周易繫辭精義二卷
朱熹易傳十一卷
　又本義十二卷
　易學啓蒙三卷
　古易音訓二卷

張浚易傳十卷
倪思易訓三十卷
趙善譽易說二卷
劉文郁易宏綱八卷
吳仁傑古易十二卷
又周易圖說二卷
集古易一卷
王日休龍舒易解一卷
劉翔易解六卷
胡有開易解義四十卷
鄒巽易解六卷
鄭剛中周易窺餘十五卷
楊簡已易一卷
潘夢旂大易約解九卷
麻衣道者正易心法一卷

鄭東卿易說三卷
項安世周易玩辭十六卷
程迥易章句十卷
又外編一卷
占法〔七〕
古易考一卷
林至易裨傳一卷
葉適習學記言周易述釋一卷
李椿觀畫二卷
王炎筆記八卷
鄭汝諧易翼傳二卷
湯義周易講義三卷
樂只道人羲文易論微六卷姓名亡。
朱氏三宮易一卷名亡。
劉烈虛谷子解卦周易三卷

劉牧、鄭夫〔八〕註周易七卷
楊文煥五十家易解四十二卷
孫份周易先天流衍圖十二卷程敦厚序。
劉半千義易正元一卷
馮椅易學五十卷
商飛卿講義一卷
周易卦類三卷
易辭微三卷
易正經明疑錄一卷
易傳四卷
口義六卷
易樞十卷
繫辭要旨一卷
並不知作者。
易乾鑿度三卷

易緯七卷
易緯稽覽圖一卷
易通卦驗二卷
並鄭玄注。
流演通卦驗一卷不知作者。
王柏讀易記十卷
又涵古易說一卷
大象衍義一卷
曾幾易釋象五卷
劉禹偁易解十卷
程達易解十卷
戴溪易總說二卷
趙汝談易說三卷
眞德秀復卦說一卷
吳如愚易說一卷

李光易傳十卷
李燾易學五卷
又大傳雜說一卷
朱承祖易摭卦總論一十卷
林起鰲易述古言二卷
方實孫讀易記八卷
魏了翁易集義六十四卷
又易要義一十卷
鄭子厚大易觀象三十二卷張栻補注。

右易類二百十三部，一千七百四十卷。王柏讀易記以下不著錄十九部，一百八十六卷。

尚書十二卷漢孔安國傳。
古文尚書二卷孔安國隸。
伏勝大傳三卷鄭玄注。
汲冢周書十卷晉太康中，於汲郡得之。孔晁注。
陸德明釋文音義一卷
孔穎達正義二十卷
馮繼先尚書廣疏十八卷
又尚書小疏十三卷
尹恭初尚書新修義疏二十六卷
胡旦尚書演聖通論七卷
胡瑗洪範口義一卷
蘇洵洪範圖論一卷
程頤堯典舜典解一卷
王安石新經書義十三卷
又洪範傳一卷
蘇軾書傳十三卷

書說一卷程頤門人記。
孔武仲書說十三卷
曾肇書講義八卷
陳諤開寶新定尚書釋文三卷
孟先禹貢治水圖一卷
尚書洪範五行記一卷
王晦叔周書音訓十二卷
司馬康等無逸講議〔九〕一卷
吳安詩等無逸說命解二卷
劉彝洪範解六卷
曾旼等講義三十卷
葉夢得書傳十卷
張綱解義三十卷
吳孜大義三卷
吳棫裨傳十三卷
張九成尚書詳說五十卷
洪興祖口義發題一卷
陳鵬飛書解三十卷
程大昌書譜二十卷
又禹貢論五卷
禹貢論圖五卷
禹貢後論一卷
晁公武尚書詁訓傳四十六卷
史浩講義二十二卷
呂祖謙書說三十五卷
黃度書說七卷
李舜臣尚書小傳四卷
吳仁傑尚書洪範辨圖一卷
陳伯達翼範一卷
朱熹書說七卷黃士毅集。

林之奇集解五十八卷
陳經詳解五十卷
康伯成書傳一卷
夏僎書解十六卷
王炎小傳十八卷
孫泌尚書解五十二卷
蔡沉書傳六卷
胡瑗尚書全解二十八卷
成申之四百家集解五十八卷
楊玉集尚書義宗三卷
三墳書三卷元豐中，毛漸所得。
尚書治要圖五卷
尚書解題一卷
渾灝發旨一卷

並不知作者。
王柏讀書記十卷
又書疑九卷
書附傳四十卷
袁燮書鈔十卷
袁覺讀書記二十三卷
黃倫尚書精義六十卷
趙汝談書說二卷
卜大亨尚書類數二十卷
胡銓書解四卷
李燾尚書百篇圖一卷
劉甄書青霞集解二十卷
應鏞書約義二十五卷
魏了翁書要義二十卷

右書類六十部，八百二卷。王柏讀書記以下不著錄十三部，二百四十四卷。

韓詩外傳十卷漢韓嬰傳。

毛詩二十卷漢毛萇爲詁訓傳，鄭玄箋。

鄭玄詩譜三卷

陸璣草木鳥獸蟲魚疏二卷

孔穎達正義四十卷

陸德明詩釋文三卷

成伯璵毛詩指說統論一卷

又毛詩斷章二卷

張訢別錄一卷

毛詩正數二十卷

毛詩釋題二十卷

毛詩小疏二十卷

鮮于侁詩傳六十卷

李常詩傳十卷

魯有開詩集十卷

胡旦毛詩演聖通論二十卷

宋咸毛詩正紀三卷

又外義二卷

劉宇〔一〇〕詩折衷二十卷

蘇子才毛詩大義三卷

周軾箋傳辨誤八卷

丘鑄周詩集解二十卷

歐陽脩詩本義十六卷

又補注毛詩譜一卷

蘇轍詩解集傳二十卷

彭汝礪詩義二十卷

趙令湑講義二十卷

喬執中講義十卷

毛漸詩集十卷
沈銖詩傳二十卷
孔武仲詩說二十卷
王商範毛詩序義索隱二卷
王安石新經毛詩義二十卷
舒王詩義外傳十二卷
新解一卷程頤門人記其師之說。
張載詩說一卷
趙仲銳詩義三卷
游酢詩二南義一卷
范祖禹詩解一卷
楊時詩辨疑一卷
茅知至周詩義二十卷
蔡卞毛詩名物解二十卷
董逌廣川詩故四十卷
吳良輔詩重文說七卷
劉孝孫正論十卷
吳景山十五國風咨解一卷
劉泉毛詩判篇一卷
吳棫毛詩叶韻補音十卷
李樗毛詩詳解四十六卷
晁公武毛詩詁訓傳二十卷
呂祖謙家塾讀詩記三十二卷
鄭樵詩傳二十卷
又辨妄六卷
范處義詩學一卷
又解頤新語十四卷
詩補傳三十卷
朱熹詩集傳二十卷
詩序辨一卷

張貴謨詩說三十卷
鄭諤毛詩解義三十卷
黃度詩說三十卷
吳氏詩本義補遺二卷名亡。
戴溪續讀詩記三卷
錢文子白石詩傳一十卷
又詩訓詁三卷
黃邦彥講義三卷
鮮于戭詩頌解三卷
黃櫄詩解二十卷
總論一卷
林岊講義五卷
三十家毛詩會解一百卷吳純編，王安石解義。
毛詩釋篇目疏十卷
詩疏要義一卷

毛詩玄談一卷
毛詩章疏二卷
毛詩提綱一卷
毛詩名物性門類八卷
義方二十卷
釋文二十卷
通義二十卷
毛鄭詩學十卷
詩關雎義解一部
比興窮源一卷
並不知作者。
陳寅詩傳十卷
許奕毛詩說三卷
李燾詩譜三卷
王應麟詩考五卷

又詩地理考五卷
詩草木鳥獸蟲魚廣疏六卷
輔廣詩說一部
嚴粲詩集一部
王質詩總聞二十卷
魏了翁詩要義二十卷
王柏詩辨說二卷
又詩可言二十卷
高端叔詩說一卷
曹粹中詩說三十卷
項安世毛詩前說一卷
又詩解二十卷
鄭庠詩古音辨一卷

右詩類八十二部，一千一百二十卷。陳寅詩傳以下不著錄十四部，二百四十五卷。

儀禮十七篇高堂生傳。
大戴禮記十三卷戴德纂。
禮記二十卷戴聖纂。
鄭玄古禮注十七卷
又周禮注十二卷
禮記注二十卷
禮記月令注一卷
崔靈恩三禮義宗三十卷
成伯璵禮記外傳十卷張幼倫注。
韋彤五禮精義十卷
又五禮緯書二十卷
丘光庭兼明書四卷

杜肅禮略十卷
陸德明音義一卷
又古禮釋文一卷
賈公彥儀禮疏五十卷
又禮記疏五十卷
周禮疏五十卷
孔穎達禮記正義七十卷
聶崇義三禮圖集註二十卷
楊逢殷禮記音訓指說二十卷
上官均曲禮講義二卷
歐陽丙三禮名義五卷
魯有開三禮通義五卷
殷介集五禮極義一卷
孫玉汝五禮名義十卷
余希文井田王制圖一卷

胡先生中庸義一卷盛喬纂集。
李洪澤直禮一卷
張誂喪禮十卷
禮粹二十卷不知作者。
王懃中禮八卷
程顥中庸義一卷
呂大臨大學一卷
又中庸一卷
禮記傳十六卷
喬執中中庸義一卷
游酢中庸解義五卷
王安石新經周禮義二十二卷
王昭禹周禮詳解四十卷
陸佃禮記解四十卷
又禮象十五卷

述禮新說四卷

儀禮義十七卷

何洵直禮論一卷

陸佃大裘議一卷

郭忠孝中庸說一卷

龔原周禮圖十卷

郭雍中庸說一卷

陳詳道註解儀禮三十二卷

又禮例詳解十卷

禮書一百五十卷

陳暘禮記解義十卷

李格非禮記精義十六卷

楊時周禮義辨疑一卷

又中庸解一卷

喻樗大學解一卷

司馬光等六家中庸大學解義一卷

江與山周禮秋官講義一卷

馬希孟禮記解七十卷

四先生中庸解義一卷程頤、呂大臨、游酢、楊時撰。

方慤禮記解義二十卷

王普深衣制度一卷

夏休周禮井田譜二十卷

破禮記二十卷

周燔儀禮詳解十七卷

李如圭儀禮集釋十七卷

史浩周官講義十四卷

鄭諤周禮解義二十二卷

黃度周禮說五卷

徐煥周官辨略十八卷

陳傅良周禮說一卷

徐行〔二〕周禮微言十卷

易祓周禮總義三十六卷

朱熹儀禮經傳通解二十三卷

又大學章句一卷

或問二卷

中庸章句一卷

或問二卷

中庸輯略二卷

十先生中庸集解二卷朱熹序。

三家冠婚喪祭禮五卷司馬光、程頤、張載定。

吳仁傑禘祫綿蕞書三卷

劉彝周禮中義十卷

張九成中庸說一卷

大學說一卷

戴溪曲禮口義二卷

學記口義二卷

司馬光中庸大學廣義一卷

錢文子中庸集傳一卷

胡銓禮記傳十八卷

又周禮傳十二卷

二禮講義一卷

倪思中庸集義一卷

汪應辰二經雅言二卷

張淳儀禮識誤一卷

俞庭椿周禮復古編三卷

黃幹續儀禮經傳通解二十九卷

又儀禮集傳集註十四卷

林椅周禮綱目八卷

摭說一卷

鄭景炎周禮開方圖說一卷

李心傳丁丑三禮辨二十三卷

鄭伯謙太平經國書統集七卷

鄭氏三禮名義疏五卷不著名。

又三禮圖十二卷

江都集禮圖五十卷

三禮圖駁議二十卷

儀禮類例十卷

周禮類例義斷二卷

二禮分門統要三十六卷

禮記小疏二十卷

並不知作者。

石𡼖中庸集解二卷

項安世中庸說一卷

又周禮丘乘圖說一卷

衛湜禮記集說一百六十卷

楊簡孔子閒居講義一卷

鄭樵鄉飲禮七卷

張虙月令解十二卷

晁公武中庸大傳一卷

楊復儀禮圖解十七卷

魏了翁儀禮要義五十卷

又禮記要義三十三卷

周禮折衷二卷

周禮要義三十卷

趙順孫中庸纂疏三卷

袁甫中庸詳說二卷

陳堯道中庸說十三卷

又大學說十一卷

眞德秀大學衍義四十三卷

謝興甫中庸大學講義三卷

王與之周禮訂義八十卷

王應麟集解踐祚篇一冊

右禮類一百十三部，一千三百九十九卷。石憝中庸集解以下不著錄二十六部，四百六十九卷。

蔡琰胡笳十八拍四卷

孔衍琴操引三卷

謝莊琴論一卷

梁武帝鍾律緯一卷

陳僧智匠古今樂錄十三卷

趙邦利彈琴手勢譜一卷

又彈琴右手法一卷

唐玄宗金風樂弄一卷

太宗九絃琴譜二十卷

琴譜六卷

唐宗廟用樂儀一卷

唐肅明皇后廟用樂儀一卷

崔令欽教坊記一卷

吳兢樂府古題要解二卷

王昌齡續樂府古解題一卷

劉貺大樂令壁記三卷

大樂圖義一卷不知作者。

田琦聲律要訣十卷

薛易簡琴譜一卷

段安節琵琶錄一卷

又樂府雜錄二卷

樂府古題一卷

陸鴻漸教坊錄一卷

李勉琴說一卷

陳拙琴籍九卷

徐景安新纂樂書三十卷

趙惟簡琴書三卷

宋仁宗明堂新曲譜一卷

又景祐樂髓新經一卷

審樂要記二卷

徽宗黃鍾徵角調二卷

沈括樂論一卷

又樂器圖一卷

三樂譜一卷

樂律一卷

馮元、宋祁〔一二〕景祐廣樂記八十一卷

宋祁大樂圖一卷

聶冠卿〔一三〕景祐大樂圖二十卷

劉次莊樂府集十卷

樂府集序解一卷

大周正樂八十八卷五代周竇儼〔一四〕訂論。

蜀雅樂儀三十卷

房庶補亡樂書總要三卷

眞館飲福等一卷

蔡攸燕樂三十四册

范鎮新定樂法一卷

崔遵度琴箋一卷

李宗諤樂纂一卷

陳康士琴調三卷

又琴調十七卷

琴書正聲十卷

琴調十七卷

琴譜記一卷

琴調譜一卷

楚調五章一卷

離騷譜一卷

李約琴曲東杓譜序一卷

琴調廣陵散譜一卷

獨孤寔九調譜一卷

齊嵩琴雅略一卷

僧辨正琴正聲九弄九卷

朱文齊琴雜調譜十二卷

蕭祐一作「祜」無射商九調譜一卷

呂渭一作「濱」廣陵止息譜一卷

張淡正琴譜一卷

蔡翼琴調一卷

僧道英琴德譜一卷

王邈琴譜一卷

沈氏琴書一卷失名。

琴譜調八卷李翺用指法。

琴略一卷

琴式圖一卷

琴譜纂要五卷

胡瑗景祐樂府奏議一卷

又皇祐樂府奏議一卷

阮逸皇祐新樂圖記三卷

陳暘樂書二百卷

僧靈操樂府詩一卷

吳良輔琴譜一卷

又樂書五卷

樂記三十六卷

楊傑元豐新修大樂記五卷

劉昺大晟樂書二十卷

又樂論八卷

運譜四議二十卷
政和頒降樂曲樂章節次一卷
政和大晟樂府雅樂圖一卷
鄭樵系聲樂譜二十四卷
李南玉古今大樂指掌三卷
郭茂倩樂府詩集一百卷
李昌文阮咸弄譜一卷
滕康叔韶武遺音一卷
麴瞻琴聲律二卷
又琴圖一卷
令狐揆樂要三卷
王大方琴聲韻圖〔二五〕一卷
昭微古今琴樣一卷
劉籍琴義一卷
沈建樂府廣題二卷

馬少良琴譜三均三卷
喩修樞阮咸譜一卷
吳仁傑樂舞新書二卷
蔡元定律呂新書二卷
李如箎樂書一卷
琴說一卷
古樂府十卷
趙德先樂說三卷
又樂書三十卷
歷代樂儀三十卷
樂苑五卷
琴箋知音操一卷
樂府題解一卷
大樂署三卷
歷代歌詞六卷

律呂圖一卷

倣蔡琰胡笳十八拍

右樂類一百十一部，一千七卷。

春秋七卷正經。

杜預春秋左氏傳經傳集解三十卷

又春秋釋例十五卷

何休公羊傳十二卷

又左氏膏肓十卷

范甯穀梁傳十二卷

董仲舒春秋繁露十七卷

汲冢師春一卷師春純集疏左傳卜筮事。

荀卿公子姓譜二卷一名帝王歷紀譜。

劉炫春秋述議略一卷

又春秋義囊二卷

並不知作者。

孔穎達春秋左氏傳正義三十六卷

公羊疏三十卷

楊士勛春秋穀梁疏十二卷

黃恭密春秋指要圖一卷

李瑾春秋指掌圖十五卷

陳岳春秋折衷論三十卷

春秋災異錄六卷

春秋謚族圖五卷

陸德明三傳釋文八卷

陸希聲春秋通例三卷

趙匡春秋闡微纂類義統十卷

陸淳集傳春秋纂例十卷

又春秋辨疑七卷

集註春秋微旨三卷

盧仝春秋摘微四卷

楊蘊春秋公子譜一卷

左丘明春秋外傳國語二十一卷韋昭注。

柳宗元非國語二卷

葉眞是國語七卷

馮繼先春秋名號歸一圖

又春秋名字同異錄五卷

杜預春秋世譜七卷

張暄春秋龜鑑圖一卷

馬擇言春秋要類五卷

徐彥公羊疏三十卷

葉清臣春秋纂類十卷

孫復春秋尊王發微十二卷

春秋總論一卷

李堯俞春秋集議略論二卷

王沿春秋集傳十五卷

章拱之春秋統微二十五卷

王哲春秋通義十二卷

又皇綱論五卷

丁副春秋演聖統例二十卷

春秋三傳異同字一卷

朱定序春秋索隱五卷

杜諤春秋會義二十六卷

胡瑗〔一六〕春秋口義五卷

劉敞春秋傳十五卷

又春秋權衡十七卷

春秋說例十一卷

春秋意林二卷
蘇轍春秋集傳十二卷
王安石左氏解一卷
楊彥齡左氏春秋年表〔七〕二卷
又左氏蒙求二卷
沈括春秋機括二卷
趙瞻春秋論三十卷
又春秋經解義例二十卷
唐既濟春秋邦典二卷
孫覺春秋經社要義六卷
春秋經解十五卷
春秋學纂十二卷
晁補之左氏春秋傳雜論一卷
劉敞內傳國語十卷
春秋人譜一卷孫子平、練明道同撰。

朱長文春秋通志二十卷
家安國春秋通義二十四卷
張大亨春秋通訓十六卷
又五禮例宗十卷
陸佃春秋後傳〔八〕二十卷
又補遺一卷
程頤春秋傳一卷
黎錞春秋經解十二卷
王裴春秋義解十二卷
張冒德春秋傳類音十卷
韓台春秋左氏傳口音三卷
陳德寧公羊新例十四卷
又穀梁新例六卷
陰洪道注春秋敍一卷
張翰一作「幹」春秋排門顯義十卷

李撰春秋總要十卷
袁希一作「孝」政春秋要類五卷
張德昌春秋傳類十卷
沈緯春秋諫類二卷
郭翔春秋義鑑三十卷
王仲孚春秋類聚五卷
黃彬春秋敍鑑三卷
春秋精義三十卷
洪勳春秋圖鑑五卷
春秋加減一卷
王叡春秋守鑑一卷
春秋龜鑑一卷
張傑春秋指玄十卷
塗昭良春秋科義雄覽十卷
春秋應判三十卷

丁裔昌春秋解問一卷
邵川春秋括義三卷
劉英春秋列國圖一卷
春秋十二國年曆一卷
謝璧春秋綴英二卷
李塗春秋事對五卷蔡延龜注。
春秋扶懸三卷
春秋比事三卷
春秋要義十卷
春秋策問三十卷
春秋夾氏三十卷
李融春秋樞宗十卷
姜虔嗣春秋三傳纂要二十卷
惠簡春秋通略全義十五卷
元保宗春秋事要十卷

翬濬一作「潛」春秋琢瑕一卷
張傳靖左傳編紀十卷
崔昇春秋分門屬類賦三卷楊均注。
裴光輔春秋機要賦一卷
尹玉羽〔一九〕春秋音義賦十卷冉遂良注。
又春秋字源賦二卷楊文舉注。
李象續春秋機要賦一卷
玉霄春秋括囊賦集注一卷
王鄒彥春秋蒙求五卷
張傑春秋圖五卷
春秋指掌圖二卷
蹇遵品左傳引帖斷義十卷
春秋纂類義統十卷本十二卷，第二、第四闕。
春秋通義十二卷
春秋新義十卷

春秋十二國年曆一卷一名春秋齊年。
春秋文權五卷
魯有開春秋指微十卷
國語音義一卷
宋庠國語補音三卷
林槩辨國語三卷
崔表世本圖一卷
楊蘊春秋年表一卷
謝湜春秋義二十四卷
又總義三卷
崔子方春秋經解十二卷
春秋本例例要二十卷
呂奎春秋要旨十二卷
吳元緒左氏鼓吹一卷
劉易春秋經解二卷

吳孜春秋折衷十二卷
范柔中春秋見微五卷
鄒氏春秋總例一卷
謝子房春秋備對十三卷
朱振〔一〇〕春秋指要一卷
又春秋正名頤隱要旨十二卷
春秋正名頤隱旨要敍論一卷
春秋講義三卷
沈滋仁春秋興亡圖鑑一卷
陳禾春秋傳十二卷
又春秋統論一卷
任伯雨春秋繹聖新傳十二卷
鄭昂春秋臣傳三十卷
鄧驥春秋指蹤二十一卷
石公孺春秋類例十二卷

王當春秋列國諸臣傳五十一卷
張根春秋指南十卷
李棠春秋時論一卷
葉夢得春秋讞三十卷
又春秋考三十卷
春秋傳二十卷
石林春秋八卷
春秋指要總例二卷
胡安國春秋傳三十卷
又通例一卷
通旨一卷
余安行春秋新傳十二卷
韓璜春秋人表一卷
范沖〔一一〕春秋左氏講義四卷
黃叔敖春秋講義五卷

洪皓春秋紀詠三十卷
胡銓春秋集善十三卷
鄧名世春秋四譜六卷
辨論譜說一卷
劉本春秋中論三十卷
畢良史春秋正辭二十卷
環中左氏春秋二十國年表一卷
春秋列國臣子表十卷
鄭樵春秋地名譜十卷
又春秋傳十二卷
春秋考十二卷
周彥熠春秋名義二卷
毛邦彥春秋正義十二卷
王日休春秋孫復解辨失一卷
又春秋公羊辨失一卷
春秋左氏辨失一卷
春秋穀梁辨失一卷
春秋名義一卷
董自任春秋總鑑十二卷
夏沐春秋素志三百一十五卷
又春秋麟臺獨講十一卷
延陵先生講義二卷
呂本中春秋解二卷
晁公武春秋故訓傳三十卷
王炫春秋門例通解十卷
林栗經傳集解三十三卷
時瀾左氏春秋講義十卷
徐得之左氏國紀二十卷
蕭楚春秋經辨十卷
胡定春秋解十二卷

林拱辰春秋傳三十卷
陳傅良春秋後傳十二卷
又左氏章指三十卷
王汝猷春秋外傳十五卷
程迥春秋顯微例目一卷
又春秋傳二十卷
朱臨春秋私記一卷
春秋外傳十卷
王葆東宮春秋講義三卷
春秋集傳十五卷
呂祖謙春秋集解三十卷
又左傳類編六卷
左氏博議二十卷
左氏說一卷
左氏博議綱目一卷祖謙門人張成招標注。

左氏國語類編二卷祖謙門人所編。
沈棐春秋比事二十卷
李明復春秋集義五十卷
又集義綱領二卷
任公輔春秋明辨十一卷
楊簡春秋解十卷
戴溪春秋講義四卷
程公說春秋分記九十卷
春秋釋疑二十卷
春秋考異四卷
春秋加減四卷
春秋直指三卷
左氏紀傳五十卷
春秋四傳二十卷
春秋類六卷

春秋例六卷
春秋表記一卷
王侯世系一卷
春秋釋例地名譜一卷
春秋本旨五卷
左氏摘奇十二卷

並不知作者。

李浹左氏廣誨蒙一卷
章沖左氏類事始末五卷
王柏左氏正傳一十卷
高端叔春秋義宗一百五十卷
黎良能左氏釋疑、譜學各一卷
沈棐春秋比事二十卷
吳曾春秋考異四卷

又左氏發揮六卷

方淑春秋直音三卷
石朝英左傳約說一卷

又百論一卷

黃仲炎春秋通說一十三卷
辛次膺屬辭比事五卷
李孟傳左氏說十卷
程大昌演繁露六卷
李燾春秋學十卷
王應麟春秋三傳會考三十六卷
楊士勛春秋公穀考異五卷
陸宰春秋後傳補遺一卷
趙震揆春秋類論四十卷
宇文虛中春秋紀詠三十卷
王夢應春秋集義五十卷
李心傳春秋考義十三卷

魏了翁春秋要義六十卷

陳藻、林希逸春秋三傳正附論十三卷

右春秋類二百四十部，二千七百九十九卷。王柏左氏正傳以下不著錄二十三部，四百八十八卷。

古文孝經一卷凡二十二章。

范祖禹古文孝經說一卷

鄭氏註孝經一卷

呂惠卿孝經傳一卷

唐明皇註孝經一卷

吉觀國孝經新義一部卷亡。

元行沖孝經疏三卷

家滋解義二卷

蘇彬孝經疏一卷

王文獻詳解一卷

邢昺孝經正義三卷

林椿齡全解一卷

司馬光古文孝經指解一卷

沈處厚解一卷

又古文孝經指解一卷

趙湘孝經義一卷

趙克孝孝經傳一卷

張師尹通義三卷

任奉古孝經講疏一卷

張九成解四卷

張元老講義一卷

朱熹刊誤一卷

黃榦本旨一卷
古文孝經解一卷
項安世孝經說一卷
袁甫孝經說三卷
馮椅古孝經輯註一卷
王行孝經同異三卷

右孝經類二十六部，三十五卷。袁甫孝經說以下不著錄二部，六卷。

論語十卷何晏等集解。
王令註十卷
皇侃論語疏十卷
紀亶論語摘科辨解十卷
韓愈筆解二卷
王安石通類一卷
陸德明釋文一卷
王雱〔三〕解十卷
馬總論語樞要十卷
孔武仲論語說十卷
陳銳論語品類七卷
呂惠卿論語義十卷
論語井田圖一卷
蔡申論語纂十卷
邢昺正義十卷
蘇軾解四卷
周武〔三〕集解辨誤十卷
蘇轍論語拾遺一卷
宋咸增註十卷
程頤論語說一卷

劉正容重註論語十卷
陳禾論語傳十卷
晁說之講義五卷
楊時解二卷
謝良佐解十卷
范祖禹論語說二十卷
游酢雜解一卷
龔原論語解一部卷亡。
呂大臨解十卷
尹焞論語解十卷
又說一卷
侯仲良說一卷
鄒浩解十卷
汪革直解十卷
葉夢得釋言十卷

黄祖舜解義十卷
張九成解十卷
吳棫續解十卷
又考異一卷
說例一卷
喻樗玉泉論語學四卷
張栻解十卷
湯烈集程氏說二卷
倪思論語義證二十卷
葉隆古解義十卷
洪興祖論語說十卷
史浩口義二十卷
薛季宣論語小學二卷
林栗論語知新十卷
朱熹論語精義十卷

又集註十卷

集義十卷

或問二十卷

論語註義問答通釋十卷

鄭汝解義十卷

張演魯論明微十卷

意原十卷

錢文子論語傳贊二十卷

王汝猷論語歸趣二十卷

徐煥論語贅言二卷

曾幾論語義二卷

陳儀之講義二卷

姜得平本旨一卷

論語指南一卷黃祖舜、沈大廉、胡宏〔二四〕辨論。

戴溪石鼓答問三卷

東谷論語一卷不知作者。

陳耆卿論語記蒙六卷

孔子家語十卷魏王肅注。

論語玄義十卷

論語要義十卷

論語口義十卷

論語展掌疏十卷

論語閱義疏十卷

論語世譜三卷

並不知作者。

王居正論語感發十卷

畢良史〔二五〕論語探古二十卷

黃榦論語通釋十卷

又論語意原一卷

卞圜〔二六〕論語大意二十卷

高端叔論語傳一卷

魏了翁論語要義一十卷

眞德秀論語集編一十卷

王居正論語感發以下不著錄八部，八十二卷。

右論語類七十三部，五百七十九卷。

周公謚法一卷即汲冢周書謚法篇。

僧十朋五經指歸五卷

班固白虎通十卷

蘇鶚演義十卷

沈約謚法十卷

劉餗六說五卷

賀琛謚法三卷

兼講書五卷

晉陽方五經鈎沈五卷

授經圖三卷

王彥威續古今謚法十四卷

胡旦演聖通論六十卷

劉迅六經五卷

劉敞七經小傳五卷

春秋謚法一卷即杜預春秋釋例謚法篇〔二七〕。

黃敏求〔二八〕九經餘義一百卷

陸德明經典釋文三十卷

丘光庭兼明書三卷

馬光極九經釋難五卷

李肇經史釋題二卷

章崇業五經釋題雜問一卷

顏師古刊謬正俗〔二九〕八卷

李涪刊誤二卷
九經要略一卷
敍元要略一卷
謚法三卷
六家謚法二十卷范鎮〔三〇〕、周沆編。
程頤河南經說七卷
又五言集解三卷
蘇洵嘉祐謚法三卷
皇祐謚錄二十卷
楊會經解三十三卷
劉彝七經中義一百七十卷
蔡攸政和修定謚法八十卷
楊時三經義辨十卷
王居正辨學七卷
鄭樵謚法三卷

李舜臣諸經講義七卷
張九成鄉黨少儀咸有一德論孟子拾遺共一卷
張載經學理窟三卷
項安世家說十卷
附錄四卷
黃榦六經講義一卷
六經疑難十四卷不知作者。
許奕九經直音九卷
又正訛一卷
諸經正典十卷
論語尚書周禮講義十卷
楊甲六經圖六卷
林觀過經說一卷
戴勛西齋清選二卷

葉仲堪六經圖七卷

俞言六經圖說十二卷

張貴謨泮林講義三卷

周士貴經括一卷

游桂經學十二卷

九經經旨策義九卷不知作者。

姜得平詩書遺意一卷

沈貴瑤四書要義七篇

張九成中庸大學孝經說各一卷

又四書解六十五卷

張綱六經辨疑五卷

又確論十卷

李燾五經傳授一卷

王應麟六經天文編六卷

陳應隆四書輯語四十卷

劉元剛三經演義一十一卷孝經、論、孟。

沈貴瑤四書要義以下不著錄九部，一百四十六卷、篇。

右經解類五十八部，七百五十三卷。

爾雅三卷郭璞注。

孔鮒小爾雅一卷

楊雄方言十四卷

史游急就章一卷

劉熙釋名八卷

許慎說文解字十五卷

孫炎爾雅疏十卷

高璉爾雅疏七卷

徐鍇說文解字繫傳四十卷

又說文解字韻譜十卷

說文解字通釋四十卷
僧曇棫補說文解字三十卷
錢承志說文正隸三十卷
張揖廣雅音三卷
呂忱字林五卷
曹憲博雅十卷
顧野王玉篇三十卷
韋昭辨釋名一卷
王僧虔評書一卷
梁武帝評書一卷
千字文一卷梁周興嗣次韻。
顏之推證俗音字四卷
又字始三卷
虞荔鼎錄一卷
蕭該漢書音義三卷

陸法言廣韻五卷
唐玄宗開元文字音義二十五卷
庾肩吾書品論一卷
陸德明經典釋文三十卷
又爾雅音義二卷
顏元孫干祿字書一卷
李嗣眞書後品一卷
續古今書人優劣一卷
王之明述書後品一卷
張懷瓘書詁一卷
又評書藥石論一卷
六體論一卷
古文大篆書祖一卷
書斷三卷
顏眞卿筆法一卷

又韻海鑑源十六卷
朱禹善書評一卷
又有唐名書贊一卷
林罕字源偏傍小說三卷
金華苑二十卷
張參五經文字五卷
李商隱蜀爾雅三卷
顏師古急就篇注一卷
虞世南筆髓法一卷
唐玄度九經字樣一卷
又十體書一卷
張彥遠法書要錄十卷
杜林岳集備要字錄二卷
王僧虔圖書會粹六卷
呂總續古今書人優劣一卷
蔡希宗法書論一卷
劉伯莊史記音義二十卷
裴瑜爾雅注五卷
僧守溫清濁韻鈐一卷
黃伯思東觀餘論二卷
竇儼義訓十卷
崔逢玉璽譜一卷嚴士元重修，宋魏損潤色。
郭忠恕佩觽三卷
又汗簡集七卷
辨字圖四卷
歸字圖一卷
正字賦一卷
孫季昭決疑賦二卷
徐玄三家老子音義一卷
鄭文寶玉璽記一卷

景德韻略一卷戚綸等詳定。
宋高宗評書一卷亦名翰墨志。
邢昺爾雅疏十卷
歐陽融經典分毫正字一卷
沈立稽正辨訛一卷
唐耜字說集解三十册卷亡。
錢惟演飛白書敍錄一卷
周越古今法書苑十卷
祝充韓文音義五十卷
李舟切韻五卷
丘世隆切韻搜隱五卷
劉熙古切韻拾玉〔三一〕五卷
胡元質西漢字類五卷
陳天麟前漢通用古字韻編五卷
陳彭年等重修廣韻五卷
韻詮十四卷
僧師悅韻關一卷
丘雍校定韻略五卷
韻選五卷
韻源一卷
孫愐唐韻五卷
天寶元年集切韻五卷
釋猷智〔三二〕辨體補修加字切韻五卷
丁度集韻〔三三〕十卷
又景祐禮部韻略五卷
墨藪一卷不知作者。
賈昌朝羣經音辨三卷
夏竦重校古文四聲韻五卷
又聲韻圖一卷
司馬光切韻指掌圖一卷

又類編四十四卷
劉温潤羌爾雅一卷
宋祁摘粹一卷
歐陽脩集古錄跋尾六卷　又二卷
句中正雍熙廣韻一百卷　序例一卷
又三體孝經一卷
楊南仲石經七十五卷
又三體孝經一卷
燕誨字傍辨誤一卷
道士謝利貞玉篇解疑三十卷
象文玉篇二十卷
石懷德隸書賦一卷
褚長文書指論一卷
李訓範金錄一卷
翰林隱術一卷
荆浩筆法一卷
韋氏筆寶兩字五卷
徐浩書譜一卷
又古跡記一卷
宋敏求寶刻叢章三十卷
劉敞先秦古器圖一卷
李行中引經字源二卷
朱長文續書斷二卷
王安石字說二十四卷
米芾書評一卷
又寶章待訪集一卷
呂大臨考古圖十卷
李公麟古器圖一卷
陸佃爾雅新義二十卷
埤雅二十卷

蔡京崇寧鼎書一卷

張有復古編二卷

政和甲午祭禮器款識一卷

王楚鍾鼎篆韻二卷

吳棫韻補五卷

董衡唐書釋音二十卷

竇苹〔三四〕唐書音訓四卷

宣和重修博古圖錄三十卷

趙明誠金石錄三十卷

又別本三十卷

薛尚功重廣鍾鼎篆韻七卷

歷代鍾鼎彝器款識法帖二十卷

張孟押韻十卷

許冠韻海五十卷

吳幵童訓統類一卷

鄭樵石鼓文考一卷

又字始連環二卷

象類書十一卷

論梵書三卷

爾雅註三卷

書考六卷

通志六書略五卷

郟升卿四聲類韻二卷

又聲韻類例一卷

淳熙監本禮部韻略五卷

劉球隸韻略七卷

潘緯柳文音義三卷

僧應之臨書關要一卷

呂本中童蒙訓三卷

周燔六經音義十三卷

李盛六經釋文二卷
黃壤班書韻編五卷
張㝉石經注文考異四十卷
洪适隸釋二十七卷
　隸續二十一卷
史浩童丱須知三卷
朱熹小學之書四卷
　又四子四卷
程端蒙小學字訓一卷
呂祖謙少儀外傳二卷
陳淳北溪字義二卷
婁機班馬字類〔三〕二卷
　漢隸字源六卷
　廣干祿字書五卷
古鼎法帖五卷
楊師復漢隸釋文二卷
馬居易漢隸分韻七卷
翟伯壽籀史〔三六〕二卷
胡寅注敍古千文一卷
呂氏敍古千文一卷
慶元嘉定古器圖六卷
僧妙華互注集韻二十五卷
羅點清勤堂法帖六卷
李從周字通一卷
遼僧行均龍龕手鑑四卷
黃伯思法帖刊誤一卷
釋元沖五音韻鏡一卷
施宿大觀法帖總釋二卷
蔡氏口訣一卷名亡。
　又石鼓音一卷

書錄一卷
書隱法一卷
筆陣圖一卷
西漢字類一卷
纂注禮部韻略五卷
翰林禁經三卷
臨汝帖三卷
筆苑文詞一卷
法帖字證十卷
正俗字十卷
書斷例傳五卷
洪韻海源二卷

右小學類二百六部，一千五百七十二卷。劉紹祐字學摭要以下不著錄六部，六十九卷。

凡經類一千三百四部，一萬三千六百八卷。

互注爾雅貫類一卷
諸家小學總錄二卷
集古系時十卷
蕃漢語一卷
並不知作者。
劉紹祐字學摭要二卷
洪邁次李翰蒙求三卷
集齋彭氏小學進業廣記一部
王應麟蒙訓四十四卷
又小學紺珠十卷
小學諷詠四卷
補注急就篇六卷

校勘記

〔一〕蓋以寧宗以後史之所未錄者　考異卷七三以「蓋」字是「盍」字的刊本之譌，疑是。

〔二〕蘇源明　原作「蘇元明」，據晁公武郡齋讀書志（以下簡稱郡齋志）卷一、俞文豹吹劍錄四錄改。

〔三〕史文徽　陳振孫直齋書錄解題（以下簡稱書錄解題）卷一作「史之徽」，通志卷六三藝文略作「史之證」，通考卷一七五經籍考作「史證」，清輯本周易口訣義據永樂大典定爲「史徵」。

〔四〕縱康乂　四庫闕書目（輯本）、祕書省續四庫書目都作「縱匡乂」，「康」字蓋宋人諱改。

〔五〕陰洪道　新唐書卷五七藝文志、玉海卷三六都作「陰弘道」，「洪」字蓋宋人諱改。本志下文同。

〔六〕晁說之　原作「晁補之」，據郡齋志卷一、書錄解題卷一、玉海卷三六改。

〔七〕占法　卷數原闕，書錄解題卷一作「一卷」。

〔八〕鄭夬　按：郡齋志卷一、玉海卷三六有周易傳十二卷，鄭夬揚庭撰；並說：「姚嗣宗謂劉牧之學受之吳祕，祕受之夬。」疑「鄭夫」當作「鄭夬」。

〔九〕司馬康等無逸講議　「康」原作「光」。按：郡齋志卷一、玉海卷三七引中興館閣書目（以下簡稱書目）都作「康」；書目並說：「元祐五年二月壬寅，講無逸終篇，侍講司馬康、吳安詩、范祖禹等錄爲講義一卷。」「光」當爲「康」之訛，據改。

〔一〇〕劉宇　原作「劉字」，據書錄解題卷二、鄭樵通志（以下簡稱通志）卷六三藝文略、玉海卷三八改。

〔一一〕徐衍　玉海卷三九引續中興館閣書目（以下簡稱續書目）作「徐錡」。

〔一二〕宋祁　原作「宋郊」，據本書卷一二六樂志、長編卷一一九、玉海卷一〇五改。

〔一三〕聶冠卿　原作「聶崇義」。按：聶崇義宋初人，未及景祐制樂。據本書卷一二六樂志、長編卷一一九、通考卷一八六經籍考改。

〔一四〕五代周寶儼　「五代」原作「三代」，「寶儼」原作「寶嚴」。據本書卷二六三寶儼傳、通考卷一八六經籍考改。

〔一五〕王大方琴聲韻圖　「王大方」，新唐書卷五七藝文志、玉海卷一一〇都作「王大力」。又「琴聲韻圖」都作「琴聲律圖」。

〔一六〕胡瑗　原作「朱瑗」，據書錄解題卷三、通志卷六三藝文略改。

〔一七〕左氏春秋年表　「年表」原作「集表」，據玉海卷四〇改。

〔一八〕春秋後傳　「後」字原脫，據本書卷三四三本傳、書錄解題卷三、玉海卷四〇補。

〔一九〕尹玉羽　「羽」下原衍「卿」字，據宋會要崇儒五之二〇、玉海卷五九、舊五代史卷九三本傳刪。

〔二〇〕朱振　玉海卷四〇作「朱震」，疑是。朱震，本書卷四三五有傳。

〔二一〕范沖　原作「范仲」，據玉海卷四〇改。范沖，本書卷四三五有傳。本志下文同改。

〔三〕周武　玉海卷四一作「周式」，通志卷六三藝文略有周式撰論語辨。疑「周武」爲「周式」之譌。

〔三〕王雱　原作「王雩」。按：王雱是安石之子，字元澤，本書卷三二七有傳。遂初堂書目著錄王元澤論語解，宋會要崇儒五之二七也稱王雱撰論語義。「雩」當爲「雱」之訛，據改。

〔四〕黃祖舜沈大廉胡宏　「舜」原作「禹」，「胡」原作「明」。據書錄解題卷三、玉海卷四二改。

〔五〕畢良史　原作「章良史」。按：書錄解題卷三作「畢良史」；上文及玉海卷四〇有「畢良史春秋正辭二十卷」。楊萬里誠齋集卷一三題畢少董繙經圖說：畢良史，字少董，紹興初陷金，閉戶著春秋正辭、論語探古。「章」字當爲「畢」字之訛，據改。

〔六〕卞圜　原作「卞圖」，據書錄解題卷三、通考卷一八四經籍考改。

〔七〕謚法篇　「謚」字原脫，據玉海卷五四補。

〔八〕黃敏求　宋會要崇儒五之一九、玉海卷四二引實錄都作「黃敏」。

〔九〕刊謬正俗　按新唐書卷五七藝文志作「匡謬正俗」，書錄解題卷二作「糺謬正俗」，本書卷二〇五藝文志作「糾繆正俗」。「刊」、「糾」蓋宋人諱改。

〔一〇〕范鎮　原作「范正」。按宋會要禮五八之四、玉海卷五四、通考卷一八八經籍考，「范正」應是「范鎮」之誤，據改。

〔一一〕劉熙古切韻拾玉　「熙」原作「希」，「拾」原作「十」。據本書卷二六三本傳、玉海卷四五改。下文

「劉熙古」同改。

〔二二〕猷智　二字原倒置，據新唐書卷五七藝文志、通志卷六四藝文略、玉海卷四四乙正。

〔二三〕集韻　原作「切韻」。按：郡齋志卷四、通志卷六四藝文略都作「集韻」；今傳本也作「集韻」。據改。

〔二四〕寶莘　郡齋志卷七、書錄解題卷四、玉海卷四九都作「寶苹」，疑是。

〔二五〕班馬字類　原作「班馬字韻」，據本書卷四一〇本傳、書錄解題卷三改。

〔二六〕籀史　原作「籀文」，據書錄解題卷一四、遂初堂書目、通考卷一九〇經籍考改。

宋史卷二百三

志第一百五十六

藝文二

史類十三：一曰正史類，二曰編年類，三曰別史類，四曰史鈔類，五曰故事類，六曰職官類，七曰傳記類，八曰儀注類，九曰刑法類，十曰目錄類，十一曰譜牒類，十二曰地理類，十三曰霸史類。

司馬遷史記一百三十卷裴駰等集注。

又史記一百三十卷陳伯宣注。

班固漢書一百卷顏師古注。

范曄後漢書九十卷章懷太子李賢注。

趙抃新校前漢書一百卷

余靖漢書刊誤三十卷

劉昭補注後漢志三十卷

陳壽三國志六十五卷裴松之注。

房玄齡晉書一百三十卷

楊齊宣晉書音義〔一〕三卷

沈約宋書一百卷

蕭子顯南齊書五十九卷

姚思廉梁書五十六卷

又陳書三十六卷

魏收後魏書一百三十卷

魏澹後魏書紀一卷本七卷。

張太素後魏書天文志二卷本百卷，惟存此。

李百藥北齊書五十卷

令狐德棻後周書五十卷

顏師古隋書八十五卷

柳芳唐書一百三十卷　唐書叙例目一卷

劉煦唐書二百卷

歐陽脩、宋祁新唐書二百五十五卷　目錄一卷

李繪補注唐書二百二十五卷

薛居正五代史一百五十卷

歐陽脩新五代史七十四卷徐無黨注。

張守節史記正義三十卷

司馬貞史記索隱三十卷

張泌漢書刊誤一卷

三劉漢書標注六卷劉敞、劉攽、劉奉世。

劉攽漢書刊誤四卷

呂夏卿唐書直筆新例一卷

吳縝新唐書糾繆二十卷

又五代史纂誤三卷

張昭遠朱梁列傳十五卷

後唐列傳三十卷

任諒史論三卷

韓子中新唐史辨惑六十卷

吳仁傑兩漢刊誤補遺十卷

富弼前漢書綱目一卷

劉巨容漢書纂誤二卷

汪應辰唐書列傳辨證二十卷

西漢刊誤一卷不知作者。

王旦國史一百二十卷

呂夷簡宋三朝國史一百五十五卷

鄧洵武神宗正史一百二十卷

王珪宋兩朝國史一百二十卷

王孝迪哲宗正史二百一十卷

李燾、洪邁宋四朝國史三百五十卷

宋名臣錄八卷

宋勳德傳一卷

宋兩朝名臣傳三十卷

咸平諸臣錄一卷

熙寧諸臣傳四卷

兩朝諸臣傳三十卷

並不知作者。

張唐英宋名臣傳五卷

葛炳奎國朝名臣敘傳二十卷

右正史類五十七部，四千四百七十三卷。葛炳奎國朝名臣敘傳不著錄一部，二十卷。

荀悅漢紀三十卷

袁宏後漢紀三十卷

胡旦漢春秋一百卷

問答一卷

皇甫謐帝王世紀九卷

竹書三卷荀勗、和嶠編。

蕭方等〔二〕三十國春秋三十卷

孫盛晉陽秋〔三〕三十卷

杜延業晉春秋略二十卷

裴子野宋略二十卷

王通元經薛氏傳十五卷

馬總通曆十卷

柳芳唐曆四十卷

崔龜從續唐曆二十二卷

裴煜之唐太宗建元實跡一卷

路惟衡帝王曆數圖十卷

陳嶽唐統紀一百卷

丘悅三國典略二十卷

封演古今年號錄一卷

薛璠〔四〕大唐聖運圖略三卷

帝王照錄一卷

王起五位圖三卷

苗台符古今通要四卷

馬永易元和錄三卷

大唐中興新書紀年三卷不知作者。

韋昭度續皇王寶運錄十卷

程正柔〔五〕大唐補紀三卷

凌璠〔六〕唐錄政要十三卷

唐天祐二年日曆一卷

杜光庭古今類聚年號圖一卷

唐創業起居注三卷溫大雅撰。

唐高祖實錄二十卷許敬宗、房玄齡等撰。

唐太宗實錄四十卷許敬宗撰。

唐高宗後修實錄〔七〕三十卷

唐武后實錄二十卷

唐中宗實錄二十卷

唐睿宗實錄十卷　又五卷

並劉知幾、吳兢撰。

唐玄宗實錄一百卷元載、令狐峘撰。

唐肅宗實錄三十卷元載撰。

唐代宗實錄四十卷令狐峘撰。

唐德宗實錄五十卷裴垍〔八〕等撰。

唐建中實錄十五卷沈既濟撰。

唐順宗實錄五卷韓愈撰。

唐憲宗實錄四十卷

唐穆宗實錄二十卷

並路隋等撰。

唐敬宗實錄十卷李讓夷等撰。

唐文宗實錄四十卷魏謩〔九〕修撰。

唐武宗實錄二十卷

唐宣宗實錄三十卷

唐懿宗實錄二十五卷

唐僖宗實錄三十卷

唐昭宗實錄三十卷

唐哀帝實錄〔一〇〕八卷

並宋敏求撰。

五代梁太祖實錄三十卷張袞、郄象等撰。

五代唐懿祖紀年錄〔一一〕一卷

五代唐獻祖紀年錄一卷

五代唐莊宗實錄三十卷

並趙鳳、張昭遠等撰。

五代唐明宗實錄三十卷姚顗等撰。

五代唐愍帝實錄三卷張昭遠等撰。

五代唐廢帝實錄十七卷張昭等同撰。

五代晉高祖實錄三十卷
五代晉少帝實錄二十卷
並竇貞固等撰。
五代漢高祖實錄十卷蘇逢吉等撰。
五代漢隱帝實錄十五卷
五代周太祖實錄三十卷
並張昭、尹拙、劉溫叟等撰。
五代周世宗實錄四十卷宋王溥等撰。
南唐烈祖實錄二十卷高遠撰。
後蜀高祖實錄三十卷
後蜀主實錄四十卷
並李昊撰。
宋太祖實錄五十卷李沆、沈倫修。
太宗實錄八十卷錢若水修。
眞宗實錄一百五十卷晏殊等同修。

仁宗實錄二百卷韓琦等修。
英宗實錄三十卷曾公亮等修。
神宗實錄朱墨本三百卷舊錄本用墨書，添入者用朱書，刪去者用黃抹。
宋高宗日曆一千卷
孝宗日曆二千卷
光宗日曆三百卷
寧宗日曆五百一十卷　重修五百卷
神宗實錄〔三〕二百卷趙鼎、范沖重修。
神宗實錄考異五卷范沖撰。
哲宗實錄一百五十卷
徽宗實錄二百卷
並湯思退進。
徽宗實錄二百卷李燾重修。
欽宗實錄四十卷洪邁修。

高宗實錄五百卷傅伯壽撰。

孝宗實錄五百卷

光宗實錄一百卷

並傅伯壽、陸游等修。

寧宗實錄四百九十九册

理宗實錄初稿一百九十册

理宗日曆二百九十二册

又日曆一百八十册

度宗時政記七十八册

德祐事蹟日記四十五册

孫光憲續通曆十卷

范質五代通錄六十五卷

劉蒙叟甲子編年二卷

顯德日曆一卷周扈蒙、董淳、賈黃中撰。

龔穎運曆圖三卷

陳彭年唐紀四十卷

宋庠紀年通譜十二卷

鄭向五代開皇記三十卷

兩朝實錄大事二卷

王玉文武賢臣治蜀編年志一卷

武密帝王興衰年代錄二卷

五代春秋一卷

十代編年紀一卷

並不知作者。

章寔歷代統紀一卷

司馬光資治通鑑三百五十四卷

又資治通鑑舉要曆八十卷

通鑑前例一卷

稽古錄二十卷

歷年圖六卷

通鑑節要六十卷

帝統編年紀事珠璣十二卷

歷代累年二卷

劉恕資治通鑑外紀十卷

又疑年譜一卷

通鑑問疑一卷

章衡編年通載十卷

王巖叟繫年錄一卷

元祐時政記一卷

諸葛深紹運圖一卷

楊備歷代紀元賦一卷

胡仔孔子編年五卷

朱繪歷代帝王年運銓要十卷

司馬康通鑑釋文六卷

李燾續資治通鑑長編一百六十八卷

又四朝史稿五十卷

江左方鎮年表十六卷

混天帝王五運圖古今須知一卷

宋政錄十二卷

宋異錄一卷

宋年表一卷　又年表一卷

史炤資治通鑑釋文三十卷

晁公邁歷代記年十卷

熊克九朝通略一百六十八卷

中興小曆四十一卷

呂祖謙大事記二十七卷

又宋通鑑節五卷

呂氏家塾通鑑節要二十四卷

朱熹通鑑綱目五十九卷

又提要五十九卷

宋聖政編年十二卷不知作者。
汪伯彥建炎中興日曆一卷
袁樞通鑑紀事本末四十二卷
喻漢卿通鑑總攷一百十二卷
吳曾南北征伐編年二十三卷
徐度國紀六十五卷
胡宏皇王大紀八十卷
李丙丁未錄二百卷
李心傳建炎以來繫年要錄二百卷
國史英華一卷不知作者。
何許甲子紀年圖一卷
曾慥通鑑補遺一百篇
李孟傳讀史十卷

崔敦詩通鑑要覽六十卷
王應麟通鑑答問四卷
胡安國通鑑舉要補遺一百二十卷
沈樞通鑑總類二十卷
張根歷代指掌編九十卷
李心傳孝宗要略初草二十三卷
張公明大宋綱目一百六十七卷
洪邁節資治通鑑一百五十卷
又太祖太宗本紀三十五卷
又四朝史紀三十卷
又列傳一百三十五卷
黃維之太祖政要一十卷
呂中國朝治迹要略十四卷

右編年類一百五十一部，一萬五百七十五卷。寧宗實錄以下不著錄六部，無卷。曾慥通鑑補遺以下不著錄十五部，九百六十八卷。

王瓘廣軒轅本紀一卷

汲冢周書十卷

郭璞注穆天子傳六卷

趙曄吳越春秋十卷

皇甫遵注吳越春秋十卷

司馬彪九州春秋十卷

趙瞻史記牴牾論五卷

漢書問答五卷

劉珍等東觀漢紀八卷

孔衍春秋後語十卷

李延壽南史八十卷

　又北史一百卷

元行沖後魏國典三十卷

金陵六朝記一卷

王豹金陵樞要一卷

李匡文漢後隋前瞬貫圖一卷

李康唐明皇政錄十卷

袁皓興元聖功錄〔三〕

　功臣錄三十卷

唐僖宗日曆一卷

劉肅唐新語十三卷

唐總記三卷

渤海塡唐廣德神異錄四十五卷

歐陽迥一作「炯」唐錄備闕十五卷

裴潾大和新修辨謗略三卷

程光榮〔四〕一作「柔」唐補注記「注記」一作「紀」三卷

曹玄圭唐列聖統載圖十卷

郭脩唐年紀錄一卷
南卓唐朝綱領圖五卷
唐紀年記二卷
吳兢開元名臣錄三卷
又唐太宗勳史一卷
唐書備闕記十卷
高峻小史一百十卷
許嵩建康實錄二十卷
張詢古五代新說二卷
劉軻帝王曆數歌一卷
又唐年歷〔三五〕一卷
裴庭裕東觀奏記三卷
新野史十卷題「顯德元年終南山不名子撰」。
張傳靖唐編記一作「紀」十卷
胡旦唐乘一作「策」七十卷

王沿唐志二十一卷
孫甫唐史記七十五卷
王皞唐餘錄六十卷
李匡文兩漢至唐年紀一卷
王禹偁五代史闕文二卷
陶岳五代史補五卷
詹玠唐宋遺史四卷
劉直方大唐機要三十卷
蘇轍古史六十卷
孫沖五代紀七十七卷
王軫五朝春秋二十五卷
劉攽五代春秋一部卷亡。
劉恕十國紀年四十二卷
常璩華陽國志十卷
江南志二十卷

李淸臣平南事覽二十卷

吳書實錄三卷記楊行密事。

眞宗聖政紀一百五十卷

又政要十卷

仁宗觀文覽古圖記十卷

丁謂大中祥符奉祀記五十卷　目二卷

又大中祥符迎奉聖像記二十卷　目二卷

李維大中祥符降聖記五十卷　目三卷

王欽若天禧大禮記五十卷　目二卷

呂夷簡三朝寶訓三十卷

李淑三朝訓覽圖十卷

錢惟演咸平聖政錄三卷

李昭遘永熙政範二卷

張商英神宗正典六卷

林希兩朝寶訓二十一卷

舒亶元豐聖訓三卷

六朝寶訓一部卷亡。

鄭居中崇寧聖政二百五十五册

又聖政錄三百二十三册

賈緯備史六卷

史系二十卷

楊九齡正史雜論十卷

河洛春秋二卷

歷代善惡春秋二十卷

李筌閫外春秋十卷

薛韜玉帝照一卷

沈汾元類一卷

楊岑皇王寶運錄三十卷

瞿一作「翟」。驤帝王受命編年錄三十卷

徐㢘三朝革命錄三卷

錢信皇猷錄一卷
歷代鴻名錄八卷
韋光美嘉號錄一卷
崔偶帝王授受圖一卷
牛檢帝王事迹相承圖三卷
歷代君臣圖二卷
龔穎年一作「運」曆圖八卷
賈欽文古今年代曆〔一六〕一卷
張敦素通記一作「紀」建元曆二卷
柳璨〔一七〕補注正閏位曆三卷
杜光庭帝王年代州郡長曆二卷
王起五運圖一卷
曹玄圭五運圖一作「錄」十二卷
張洽五運元紀一卷
古今帝王記十卷

衞牧帝王眞僞記七卷
紀年志一卷
武密帝王年代錄三十卷
鄭伯邕帝王年代圖一卷
又帝王年代記三卷
焦璐聖朝年代記一作「紀」十卷
韋光美帝王年號圖一卷
汪奇古今帝王年號錄一卷
李昉歷代年號一卷
蓋君平重編史雋三十卷
孫昱十二國史十二卷
西京史略二卷
史記掇英五卷
並不知作者。
鄭樵通志二百卷

蕭常續後漢書四十二卷

李杞改修三國志六十七卷

陳傅良建隆編一卷一名開基事要。

蔡幼學宋編年政要四十卷

又宋實錄列傳舉要十二卷

洪偃五朝史述論八卷洪邁孫。

趙甡之[二八]中興遺史二十卷

樓昉中興小傳一百篇

右別史類一百二十三部，二千二百十八卷。趙甡之中興遺史以下不著錄二部，一百二十卷篇。

馬史精略五十六卷

趙世逢兩漢類要二十卷

周護三史菁英三十卷

十七史贊三十卷

三代說辭十卷不知作者。

孫玉汝南北史練選十八卷

史略三卷

楊侃兩漢博聞十二卷

林鉞漢雋十卷

宗諫三國採要六卷

薛儆晉書金穴鈔十卷

荀綽晉略九卷

張陟晉略二十卷

杜延業晉春秋略二十卷

晉史獵精一百三十卷

胡寅讀史管見三十卷

又三國六朝攻守要論十卷

趙氏六朝採要十卷

杭暕金陵六朝帝王統紀一卷

薛韜玉唐要錄二卷

張栻通鑑論篤四卷

孫甫唐史論斷二卷

石介唐鑑五卷

范祖禹唐鑑十二卷

又帝學八卷

陳季雅兩漢博議十四卷

李舜臣江東十鑑一卷

陳傅良西漢史鈔十七卷

東萊先生西漢財論十卷呂祖謙論，門人編。

劉熙古歷代紀要五十卷

喬舜古今語要十二卷

賈昌朝通紀八十卷

趙善譽讀史輿地考六十三卷一名輿地通鑑。

裴松之國史要覽二十卷

鄭暐史雋十卷

曹化史書集類三卷

朱黼紀年備遺正統論一卷

唯室先生兩漢論一卷陳長方。

張唐英唐史發潛六卷

倪遇漢論十三卷

陳惇修唐史斷二十卷

王諫唐史名賢論斷二十卷

程鵬唐史屬辭四卷

唐帝王號宰臣錄十卷

名賢十七史確論一百四卷不知作者。

胡旦五代史略四十二卷

韓保升文行錄五十卷
李堇續帝學一卷
姚虞賓諸史臣謨八卷
鄭少微唐史發揮十二卷
陳天麟前漢六帖十二卷
陳應行讀史明辨二十四卷
又讀史明辨續集五卷
師古三國志質疑十四卷
又西漢質疑十九卷
東漢質疑九卷
何博士備論四卷何去非。
陳亮通鑑綱目二十三卷
葉學士唐史鈔十卷不知名。
唐仲友唐史義十五卷
又續唐史精義十卷

楊天惠三國人物論三卷
李石世系手記一卷
兩漢著明論二十卷
十二國史略三卷
章華集三卷
縱橫集二十卷
十三代史選五十卷
南史摭實韻句三卷
議古八卷
史譜七卷
五代纂要賦一卷
國朝撮要一卷
約論十卷
並不知作者。
李燾歷代宰相年表三十三卷

又唐宰相譜一卷
王謝世表一卷
五代三衙將帥年表一卷
竇濟皇朝名臣言行事對十二卷
李心傳舊聞證誤十五卷
龔敦頤符祐本末一十卷
洪邁記紹興以來所見二卷

右史鈔類七十四部，一千三百二十四卷。李燾歷代宰相年表以下不著錄八部，七十五卷。

班固漢武故事五卷
蔡邕獨斷二卷
裴烜之承祚實跡一卷
王綝魏鄭公諫錄〔二九〕五卷
武平一景龍文館記十卷
吳兢貞觀政要十卷
又開元昇平源一卷
蘇瓌中樞龜鑑一卷
韓琬御史臺記十二卷
韋述集賢注記二卷
崔光庭〔三〇〕德宗幸奉天錄一卷
沈旣濟選舉志三卷
馬宇鳳池錄五卷
韋執誼翰林故事一卷
李吉甫元和國計略一卷
劉公鉉鄴城舊事六卷
韋處厚翰林學士記一卷
元稹承旨學士院記一卷

李德裕西南備邊錄一卷

又兩朝獻替記二卷

次柳氏舊聞一卷〔二〕

令狐澄貞陵遺事一卷

令狐綯制表疏一卷

李司空論事七卷唐蔣偕編，李絳所論。

南卓綱領圖一卷

鄭處誨明皇雜錄二卷

又天寶西幸略一卷

吳湘事迹一卷不知作者。

王仁裕開元天寶遺事一卷

盧駢御史臺三院因話錄一卷

柳玭續貞陵遺事一卷

鄭向起居注故事三卷

蘇頌邇英要覽一部卷亡。

樂史貢舉故事二十卷　目一卷

鄭畋〔三〕敕語堂判五卷

李巨川勤王錄二卷

楊鉅翰林舊規一卷

張著翰林盛事一卷

李構御史臺故事三卷

李肇翰林內誌一卷

又翰林志一卷

蘇易簡續翰林志二卷

杜悰事迹〔四〕一卷

梁宣底三卷

汾陰后土故事三卷自漢至唐。

武成王配饗事迹二十卷

並不知作者。

林勤國朝典要雜編一卷

李大性典故辨疑二十卷

呂夷簡、林希進五朝寶訓六十卷

三朝太平寶訓二十卷

三朝訓鑒圖十卷仁宗製序。

沈該進神宗寶訓一百卷

神宗寶訓五十卷不知集者姓名〔二四〕。

洪邁集哲宗寶訓六十卷

欽宗寶訓四十卷

高宗聖政六十卷

高宗寶訓七十卷

孝宗寶訓六十卷

並國史實錄院進。

史彌遠孝宗寶訓六十卷

紹興求賢手詔一卷

高宗孝宗聖政編要〔二五〕二十卷乾道、淳熙中修。

高宗聖政典章十卷不知作者。

宋朝大詔令二百四十卷紹興中，出於宋綬家。

永熙寶訓二卷李昉子宗諤纂。

仁宗觀文鑒古圖十卷

王洙祖宗故事二十卷

李淑耕籍類事五卷

林特東封西祀朝謁太淸宮慶賜總例二十六卷

韓絳治平會計錄六卷

李常元祐會計錄三卷

崔立故事稽疑十卷

孝宗聖政五十卷

彭龜年內治聖鑒二十卷

光宗聖政三十卷

富弼契丹議盟別錄五卷

朱勝非秀水閑居錄二卷

呂本中紫微雜記一卷

蔡絛北征紀實二卷

万俟卨太后回鑾事實十卷

湯思退等永祐陵迎奉錄十卷

大惟簡塞北紀實三卷

宋敏求朝貢錄二十卷

張養正六朝事迹十四卷

吳彥夔六朝事迹別集十四卷

韓元吉金國生辰語錄一卷

劉珙江東救荒錄五卷

宋介執禮集二卷

陳曄通州鬻海錄一卷

龔頤正續稽古錄一卷

洪遵翰苑羣書〔二六〕三卷

又會稽和買事宜錄七卷

程大昌北邊備對六卷

慶曆邊議三卷

開禧通和錄一卷

開禧持書錄二卷

開禧通問本末一卷

金陵叛盟記十卷

並不知作者。

宋庠〔二七〕尊號錄一卷

又掖垣叢志三卷

董煟活民書三卷

又活民書拾遺一卷

史館故事錄三卷

五國故事二卷

並不知作者。

尉遲偓中朝故事二卷

孔武仲金華講義十三卷

王禹偁建隆遺事一卷

田錫三朝奏議五卷

曾致堯清邊前要五十卷

李至皇親故事一卷

杜鎬鑄錢故事一卷

丁謂景德會計錄六卷

王曙羣牧故事三卷

兩朝誓書一卷景德中，與契丹往復書〔二八〕。

辛怡顯雲南錄三卷

沈該翰林學士年表一卷

蘇耆次續翰林志一卷

錢惟演金坡遺事三卷

晁迥別書金坡遺事一卷

李宗諤翰林雜記一卷

王皥言行錄一卷

王旦名賢遺範錄十四卷

余靖國信語錄一卷

李淑三朝訓鑒圖十卷

陳湜三朝逸史一卷

沈立河防通議一卷

富弼救濟流民經畫事件一卷

田況皇祐會計錄六卷

陳次公安南議十篇

宋咸〔二九〕朝制要覽十五卷

李上交近事會元五卷

范鎮國朝事始一卷

又東齋記事十二卷

太平盛典三十六卷

國朝寶訓二十卷

慶曆會計錄二卷

經費節要八卷

並不知作者。

張唐英君臣政要四十卷

陳襄國信語錄一卷

趙槩日記一卷

司馬光日錄三卷

郟亶吳門水利四卷

王安石熙寧奏對七十八卷

程師孟奏錄一卷

羅從彥宋遵堯錄八卷

何澹歷代備覽二卷

王禹王家三世書誥一卷

司馬光涑水記聞三十二卷

周必大鑾坡錄一卷

又淳熙玉堂雜記一卷

陳模東宮備覽一卷

三朝政錄十二卷

廣東西城錄一卷

交廣圖一卷

並不知作者。

曾鞏宋朝政要策一卷

畢仲衍中書備對十卷

李淸臣、張誠一元豐土貢錄二卷

龐元英文昌雜錄七卷

韓絳、吳充樞密院時政記十五卷

蘇安靜邊說一卷

薛向邊陲利害三卷

仁宗君臣政要二十卷不知何人編。

范祖禹仁皇訓典六卷

曾肇德音寶訓三卷

汪浹榮觀集五卷

張舜民使遼錄〔三〇〕一卷

宋匪躬館閣錄十一卷

劉永壽章獻事迹一卷

曾布三朝正論二卷

林虙元豐聖訓二十卷

家安國平蠻錄三卷

羅畸蓬山記五卷

明堂詔書一卷不知集者。

高聿鹽池錄一卷

吳若虛崇聖恢儒集三卷

洪楡創業故事十二卷

耿延禧建炎中興記一卷

程俱麟臺故事五卷

洪興祖續史館故事錄一卷

張戒政要一卷

李源三朝政要增釋二十卷

歐陽安永祖宗英睿龜鑑十卷

陳騤中興館閣錄十卷

趙緦廣南市舶錄三卷

嚴守則通商集三卷

契丹禮物錄一卷

金華故事一卷

兩朝交聘往來國書一卷

並不知作者。

臧梓呂丞相勤王記一卷

李攸通今集二十卷

又宋朝事實三十五卷

袁夢麟漢制叢錄二十卷
倪思合宮嚴父書一卷
詹儀之淳熙經筵日進故事一卷
又淳熙東宮日納故事一卷
李心傳建炎以來朝野雜記十一卷
又朝野雜記甲集二十卷　乙集二十卷
陸游聖政草一卷

彭百川治迹統類四十卷
又中興治迹統類三十卷
江少虞皇朝事實類苑二十六卷
張綱列聖孝治類編一百卷
黃度藝祖憲監三卷
又仁皇從諫錄三卷
趙善譽宋朝開基要覽十四卷

右故事類一百九十八部，二千九十四卷。彭百川治迹統類以下不著錄七部，二百二十一卷。

東漢百官表一卷不知作者。
陶彥藻職官要錄七卷
又職官要錄補遺十八卷
李吉甫百司舉要一卷
唐玄宗六典三十卷
杜英師唐職該一卷

梁載言具員故事十七卷
大唐宰相歷任記二卷
任戩官品纂要十卷
宰輔年表一卷
官品式律一卷
歷代官號十卷

並不知作者。

楊偘職林三十卷

孔至道百官要望一卷

閻承琬君臣政要三十卷

蒲宗孟省曹寺監事目格子四十七卷

郄殷象梁循資格一卷

王涯唐循資格一卷

杜儒童中書則例一卷

譚世勣本朝宰執表八卷

張之緒〔三二〕唐文昌損益三卷

萬當世文武百官圖二卷

陳繹宰相拜罷錄〔三三〕一卷

又樞府拜罷錄一卷

三省樞密院除目四卷

司馬光百官公卿表十五卷

孫逢吉職官分紀五十卷

梁勗職官品服三十三卷

趙氏唐典備對六卷不知名。

三省儀式一卷

職事官遷除體格一卷

循資格一卷

循資歷一卷

唐宰相後記一卷

國朝撮要一卷

宋朝宰輔拜罷圖四卷

宋朝官制十一卷

三省總括五卷

並不知作者。

王益之漢官總錄十卷

又職源五十卷

宋朝相輔年表一卷中興館閣書目云：「臣繹上，續表曰臣昜記。」

蔡元道祖宗官制舊典三卷

趙隣幾史氏懋官志五卷

趙曄宋官制正誤沿革職官記三卷

何異中興百官題名五十卷

龔頤正宋特命錄一卷

司馬光官制遺稿一卷

徐自明宰輔編年錄二十卷

蔡幼學續百官公卿表二十卷

又續百官表質疑十卷

曾三異宋新舊官制通考十卷

右職官類五十六部，五百七十八卷。

劉向古列女傳九卷

又宋新舊官制通釋二卷

范沖宰輔拜罷錄二十四卷

徐筠〔三〕漢官考四卷

董正工職官源流五卷

金國明昌官制新格一卷不知何人撰。

楊王休諸史闕疑三卷

趙粹中史評五卷

王應麟通鑑地理考一百卷

又通鑑地理通釋十四卷

又漢藝文志考證十卷

又漢制考四卷

楊王休諸史闕疑以下不著錄六部，一百三十六卷。

漢武內傳二卷不知作者。

郭憲洞冥記四卷

班昭女戒一卷

伶玄趙飛燕外傳一卷

皇甫謐高士傳十卷

袁宏正始名士傳三卷

葛洪西京雜記六卷

習鑿齒襄陽耆舊記五卷

蕭韶太清紀十卷

杜寶大業雜記十卷

劉餗國史異纂三卷

梁載言梁四公記一卷

趙毅大業略記三卷

顏師古大業拾遺一卷

賈閏甫〔三四〕李密傳三卷

李筌中台志十卷

杜儒童隋季革命記五卷

隋平陳記一卷

魏徵隋靖列傳一卷

徐浩廬陵王傳一卷

劉仁軌河洛行年記十卷

李恕〔三五〕誡子拾遺四卷

越國公行狀一卷唐鍾紹京事迹。

陳翃郭令公家傳十卷

又忠武公將佐略一卷

殷亮顏杲卿家傳一卷

又顏眞卿行狀一卷

李邕狄梁公家傳一卷

包諝河洛春秋二卷

陳鴻東城父老傳一卷

張鷟朝野僉載二十卷

又僉載補遺三卷

李匡文明皇幸蜀廣記圖二卷

郭湜高力士外傳一卷

姚汝能安祿山事迹三卷

三朝遺事一卷載張說、姚崇、宋璟事，不知作者。

甘伯宗名醫傳七卷

臨川名一作「賢」士賢一作「名」迹傳三卷

李淑一作「渤」六賢傳一卷

孫仲遺士傳一卷

賢牧傳十五卷

張茂樞張氏家傳三卷

吳操蔣子文傳一卷

王方慶魏玄成傳一卷

郭元振傳一卷

范質桑維翰傳三卷

李翰張中丞外傳一卷

温畬一作「畲」天寶亂離記一卷

劉諫〔餗〕一作「練」國朝傳記三卷

賀楚奉天記一卷

太和摧兇記一卷

楊棲白南行記一卷

王坤僖宗幸蜀記一卷

牛朴登庸記一卷

江文秉都洛私記十卷

胡嶠陷遼記三卷

元澄秦京內外雜記一卷

蜀記一卷

西戎記二卷

顏師古獬豸記一卷

靜亂安邦記一卷

睢陽得死集一卷載張巡、許遠事，不知作者。
沈既濟江淮記亂一卷
李公佐建中河朔記六卷
陳岠朝廷卓絕事記一卷
谷況燕南記三卷
鄭澥涼國公平蔡錄一卷
李涪刊誤一卷
陸贄玄宗編遺錄二卷
韓昱壺關錄三卷
林恩補國史五卷
馬總唐年小錄六卷
杜佑賓佐記一卷
陳諫等彭城公事迹三卷
王昌齡瑞應圖一卷
路隋平淮西記一卷

又邠志三卷
李肇國史補三卷
李潛用乙卯記一卷
房千里投荒雜錄一卷
李繁鄴侯家傳十卷
李石開成承詔錄二卷
李德裕異域歸忠傳二卷
又大和辨謗略三卷
會昌伐叛記一卷
高少逸四夷朝貢錄十卷
李商隱李長吉小傳五卷
蔡京王貴妃傳一卷
李璋太原事蹟雜記十三卷
張雲咸通庚寅解圍錄一卷
鄭樵彭門紀亂三卷

韓偓金鑾密記一卷

朱朴日曆一卷

李氏大唐列聖園陵記〔三七〕一卷不知名。

丘旭賓朋宴語一卷

盧言雜說一卷

于政立類林十卷

李奕唐登科記一卷

唐顯慶登科記五卷

徐鍇登科記十五卷

樂史登科記三十卷

登科記一卷

登科記二卷起建隆至宣和四年。

張觀二十二國祥異記三卷

徐岱奉天記一卷

徽宗宣和殿記一卷

又嵩山崇福記一卷

太清樓特宴記一卷

鵭莊縱鶴宣和閣記一卷

宴延福宮承平殿記一卷

明堂記一卷

艮嶽記一卷

陳繹東西府記一卷

沈立都水記二百卷

又名山記一百卷

章惇導洛通汴記一卷

李清臣重修都城記一卷

王革天泉河記一卷

上黨記叛一卷

宋巨一作「宗拒」明皇幸蜀錄一卷

趙源一奉天錄四卷

陸贄遣使錄一卷

李繁北荒君長錄三卷

陸希聲北戶雜錄三卷

蘇特一作「時」唐代衣冠盛事錄一卷

鄭言平剡錄一卷

復交阯錄二卷

哥舒翰幕府故吏錄一卷

李巨川許國公勤王錄三卷

乾明一作「寧」會稽錄一卷

三楚新錄一卷

英雄佐命錄一卷

世宗征淮錄一卷

濠州干戈錄一卷

樂史孝悌錄二十卷　讚五卷

曹希逵一作「逢」孝感義聞錄三卷

張讀〔三八〕建中西狩錄一卷

元宏錢塘平越州錄一卷

潘氏家錄一卷潘美行狀、告辭。

胡訥孝行錄二卷

又賢惠錄二卷

民表錄三卷

李陞登封誥成錄一百卷

凌准邠志二卷

郭廷誨〔三九〕妖亂志三卷

韋琯國相事狀七卷

雲南事狀一卷

劉中州事迹一卷

魏玄成故事三卷

趙寅趙君錫遺事一卷

楊時開成紀事二卷

楊九齡桂堂編事二十卷

范鎮東齋記事十二卷

李隱一作「隨」唐記奇事十卷

史演咸寧王定難實序一卷

樂史登科記解題二十卷〔四〇〕

廣孝悌一作「新」書五十卷

危高孝子拾遺十卷

紹興名臣正論一卷題瀟湘樵夫序。

呂頤浩遺事一卷頤浩出處大概。

呂頤浩逢辰記一卷頤浩歷官次序。

朱勝非年表一卷勝非孫昱上。

朱勝非行狀一卷劉岑撰。

奉神述一卷眞宗製。

史浩會稽先賢祠傳贊二卷

張栻諸葛武侯傳一卷

趙彥博昭明事實二卷

呂文靖公事狀一卷不知作者。

王巖叟韓忠獻公別錄一卷

韓忠獻公家傳一卷韓琦五世孫庚卿作。

呂祖謙歐公本末四卷

韓莊敏公遺事一卷韓宗武記。

邵伯温邵氏辨誣三卷

薛齊誼六一居士年譜一卷

胡剛中家傳一卷男胡興宗撰。

黃璞閩中名士傳一卷

岳珂籲天辨誣五卷

李綱等張忠文節誼錄一卷

陳曄种師道事迹一卷

張琰种師道祠堂碑一卷

談氏家傳一卷談鑰撰。

王淹槐庭濟美錄十卷
英顯張俟平寇錄一卷不知作者。
洪适五代登科記一卷
周鑄史越王言行錄十二卷
劉氏傳忠錄三卷劉學裘撰。
陳瓘墓誌一卷自撰。
了齋陳先生言行錄一卷陳瓘男正同編。
趙文定公遺事一卷不知何人編。
常諫議長洲政事錄一卷常安民撰。
朱文公行狀一卷黃榦撰。
李壆趙鼎行狀三卷
岳珂鄂國金佗粹編二十八卷
吳柔勝宗澤行實十卷
李朴豐清敏遺事一卷
劉岳李魏傳二卷張顥撰。

劉球劉鄜王事實一十卷
尹機宿州事實一卷
石茂良避戎夜話〔四〕一卷
又靖康錄一卷
中興禦侮錄一卷
皇華錄一卷
南北歡盟錄一卷
裔夷謀夏錄二卷
並不知作者。
張師顏金虜南遷錄一卷
張棣金亮講和事迹一卷
洪遵泉志十五卷
張甲浸銅要錄一卷
姚康唐登科記十五卷
馬宇段公別傳〔五〕二卷

張陟唐年經略志十卷
柳玭柳氏序訓一卷
柳珵柳氏家學一卷
李躍嵐齋集一卷
段公路北戶雜錄一卷
鄭暐蜀記三卷
野史甘露新記二卷
諱行錄一卷
大和野史三卷
逸史一卷
拓跋記一卷
文場盛事一卷
楊妃外傳一卷
並不知作者。
蕭叔和〔四三〕天祚永歸記一卷

薛圖存〔四四〕河南記二卷
李綽張尚書故實一卷
劉昶嶺外錄異三卷
王振汴水滔天錄一卷
王權汴州記一卷
高若拙後史補三卷
黃彬莊宗召禍記一卷
晉朝陷蕃記一卷不知作者。
余知古渚宮舊事十卷
張昭太康平吳錄二卷
王仁裕入洛記一卷
又南行記一卷
崔氏登科記一卷不知作者。
范質魏公家傳三卷
趙普飛龍記一卷

勾延慶成都理亂記八卷

錢儼戊申英政錄一卷

閻自若唐宋汎聞錄一卷

曹彬別傳一卷曹彬之孫偃撰。

陳承韞南越記一卷

蔣之奇廣州十賢贊一卷

安德裕滕王廣傳一卷

王延德西州使程記一卷

張緒續錦里耆舊傳十卷

沈立奉使二浙雜記一卷

路振〔四三〕乘軺錄一卷

李畋孔子弟子贊傳六十卷

又乖崖語錄一卷載張詠政績。

張齊賢洛陽搢紳舊聞記五卷

張逵蜀寇亂小錄一卷

曾致堯廣中台記八十卷

又綠珠傳一卷

許載吳唐拾遺錄十卷

樂史唐滕王外傳一卷

又李白外傳一卷

洞僊集一卷

許邁傳一卷

楊貴妃遺事二卷題岷山叟上。

李昉談錄一卷李宗諤撰。

潘美事迹一卷

平蜀錄一卷

國朝名將行狀四卷

議盟記一卷

寇準遺事一卷

丁謂談錄一卷

郭贊傳略一卷

並不知作者。

任升梁益記十卷

錢惟演錢俶貢奉錄一卷

王旦遺事一卷王素撰。

寇瑊奉使錄一卷

王皞唐餘錄六十卷

蔡元翰唐制舉科目圖一卷

劉渙西行記一卷

王曾筆錄一卷

富弼奉使語錄二卷

又奉使別錄一卷

王曙戴斗奉使錄一卷

燕北會要錄一卷

虜庭雜記十四卷

契丹須知一卷

陰山雜錄十五卷

契丹實錄一卷

學士年表一卷

韓琦遺事一卷

孫沔遺事一卷

並不知作者。

歐陽脩歸田錄八卷

王起甘陵誅叛錄一卷

趙槩廣州牧守記十卷

又交阯事迹八卷

曹叔卿儂智高一卷

滕甫征南錄一卷

馮炳皇祐平蠻記二卷

劉敞使北語錄一卷

宋景文公筆記五卷契丹官儀及碧雲騢附。

宋敏求三川官下記二卷

又諱行後錄五卷

入番錄二卷

春明退朝錄三卷

韓正彥〔四六〕韓琦家傳十卷

韓滜愛棠集二卷

趙寅韓琦事實一卷

杜滋談錄一卷杜師秦等撰。

李復圭李氏家傳三卷

朱定國歸田後錄十卷

陳昉北庭須知二卷

王通元經薛氏傳十五卷

宋如愚劍南須知十卷

黃靖國再生傳一卷廖子孟撰。

曾鞏行述一卷曾肇撰。

曾肇行述一卷楊時撰。

韓琦別錄三卷王巖叟撰。

章邦傑章氏家傳德慶編一卷

胡氏家傳錄一卷不知作者。

河南劉氏家傳二卷劉唐老上。

李遠青唐錄一卷

李格非永洛城記一卷

又洛陽名園記一卷

趙君錫遺事一卷趙演撰。

蘇轍儋耳手澤一卷

潁濱遺老傳二卷

蔡京黨人記一卷

吳栻雞林記二十卷

王雲雞林志三十卷

韓文公歷官記一卷程俱撰。

羅誘一作「羅綺」宜春傳信錄三卷

呂希哲呂氏家塾廣記一卷

安燾行狀一卷榮輯撰。

馬永易壽春雜志一卷

李季興東北諸蕃樞要二卷

何述温陵張賢母傳一卷

洪興祖韓子年譜一卷

孔傳闕里祖庭記三卷

又東家雜記二卷

趙令畤侯鯖錄一卷

王襄南陽先民傳〔四七〕二十卷

鄭熊番禺雜記三卷

范太史遺事一卷

范祖禹家傳八卷

並范沖編。

韓琦定策事一卷韓肖胄撰。

喻子材豐公逸事一卷

劉安世譚錄一卷韓瓘撰。

种諤傳一卷趙起撰。

劉棐孝行錄二卷

汪若海中山麟書一卷

胡瑗言行錄一卷闕注撰。

胡珵道護錄一卷

劉安世言行錄二卷

范純仁言行錄三卷

使高麗事纂二卷

平燕錄一卷

三蘇言行五卷

並不知作者。

趙世卿安南邊說五卷
洪适宋登科記二十一卷
董正工續家訓八卷
洪邁皇族登科題名一卷
俞觀能孝悌類鑑七卷
馮忠嘉海道記一卷
淮西記一卷
朱熹五朝名臣言行錄十卷
又三朝名臣言行錄十四卷
四朝名臣言行錄十六卷
四朝名臣言行續錄十卷
並不知何人編
呂祖謙閫範三卷
費樞廉吏傳十卷
徐度〔四八〕卻掃編三卷

張景儉嵩嶽記三卷
史愿北遼遺事二卷
張隱文士傳五卷
郴州記一卷
洪厓先生傳一卷
開運陷虜事迹一卷
殊俗異聞集一卷
契丹機宜通要四卷
契丹事迹一卷
古今家誡二卷
南嶽要錄一卷
豪異祕錄一卷
燕北雜錄一卷
遼登科記一卷
三國史記五十卷

並不知作者。

高得相海東三國通曆十二卷

金富軾奉使語錄一卷

董弅誕聖錄三卷

王安石舒王日錄十二卷

倪思北征錄七卷

張舜民郴行錄一卷

闕耆孫建隆垂統略一卷

張浚建炎復辟平江實錄一卷

龔頤正清江三孔先生列傳譜述一卷

邵伯溫邵氏聞見錄一卷

陸游老學菴筆記一卷

陳師道後山居士叢談一卷

僧祖秀游洛陽宮記一卷

李元綱〔四九〕近世厚德錄一卷

安丙靖蜀編四卷

張九成無垢心傳錄十二卷

黎良能讀書日錄五卷

賀成大濂湘師友錄三十三卷

汪藻裔夷謀夏錄三卷

又青唐錄三卷

晁公武稽古後錄三十五卷

又昭德堂稿六十卷

讀書志二十卷

嵩高樵唱二卷

范成大吳門志五十卷

又攬轡錄一卷

驂鸞錄一卷

虞衡志一卷

吳船志一卷

洪邁贅稿三十八卷

又詞科進卷六卷

蘇黃押韻三十二卷

張綱見聞錄五卷

吳芾湖山遺老傳一卷

李燾陶潛新傳三卷

又趙普別傳一卷

右傳記類四百一部，一千九百六十四卷。張九成無垢心傳錄以下不著錄二十一部，三百十二卷。

校勘記

〔一〕楊齊宣晉書音義　新唐書卷五八藝文志、玉海卷四六都說晉書音義三卷，何超撰。考異卷七三謂「此書何超所撰，楊齊宣爲序，志誤以爲齊宣」。

〔二〕蕭方等　「等」字原脫。據梁書卷四四本傳、隋書卷三三經籍志、玉海卷四一引書目補。本志下文同補。

〔三〕晉陽秋　「陽」下原衍「春」字，據隋書卷三三經籍志、新唐書卷五八藝文志、玉海卷四一引書目刪。

〔四〕薛璫　原作「薛黨」，據新唐書卷五八藝文志、玉海卷五六引書目改。

〔五〕程正柔　崇文總目卷二、書錄解題卷五都作「程匡柔」，「正」字蓋宋人諱改。

〔六〕凌璠　原作「凌瑠」，據新唐書卷五八藝文志、崇文總目卷二、玉海卷四九改。

〔七〕唐高宗後修實錄　「後」原作「復」，據新唐書卷五八藝文志、崇文總目卷二、玉海卷四八改。

〔八〕裴垍　原作「裴洎」，據同上書同卷改。

〔九〕魏謩　原作「魏纂」，據同上書同卷改。

〔一〇〕唐哀帝實錄　「哀帝」原作「哀宗」，據郡齋志卷六、書錄解題卷四、玉海卷四八引書目改。

〔一一〕五代唐懿祖紀年錄　「懿祖」原作「懿宗」，據崇文總目卷二、通志卷六五藝文略改。

〔一二〕神宗實錄　「實錄」原作「日錄」，據本書卷四三五范沖傳、書錄解題卷四、玉海卷四八改。

〔一三〕興元聖功錄　卷數原闕，新唐書卷五八藝文志、崇文總目卷二作「三卷」。

〔一四〕程光榮　注：「榮」，「一作『柔』」。崇文總目卷二「唐補記」條作「程匡柔」，錢東垣輯釋說：「書錄解題、馬令南唐書並作『程匡柔』……蓋因避諱改『匡』爲『光』。」

〔一五〕唐年歷　「歷」下原衍「代」字，據祕書省續四庫書目、通志卷六五藝文略刪。

〔一六〕古今年代曆　「年」字原脫，據新唐書卷五八藝文志、崇文總目卷二補。

〔一七〕柳璨　原作「柳粲」，據同上書同卷改。

〔一八〕趙甡之　「之」字原脫，據書錄解題卷四、繫年要錄和北盟會編所引書目撰者姓名補。下同。

〔一九〕王綝　原作「王琳」，據新唐書卷一一六本傳、書錄解題卷五、玉海卷六一改。

〔二〇〕崔光庭　「光庭」二字原倒，據新唐書卷五八藝文志、崇文總目卷二乙正。

〔二一〕次柳氏舊聞一卷　「次」字原脫，據新唐書卷五八藝文志、郡齋志卷六補。

〔二二〕鄭畋　原作「鄭略」，據書錄解題卷一六、遂初堂書目改。

〔二三〕杜悰事迹　「杜悰」原作「杜宗」，據新唐書卷五八藝文志、崇文總目卷二改。

〔二四〕不知集者姓名　「集者」原作「集知」，據下文明堂詔書一卷註「不知集者」例改。

〔二五〕高宗孝宗聖政編要　「孝宗」二字原脫，據書錄解題卷五、通考卷二〇一經籍考補。

〔二六〕洪遵翰苑羣書　「洪遵」原作「洪邁」，「翰苑」原作「漢苑」。按：今本翰苑羣書題「宋洪遵編」，書末並有洪遵乾道九年題記。書錄解題卷六也說：「翰苑羣書三卷，學士承旨鄱陽洪遵景嚴撰。」據改。

〔二七〕宋庠　原作「宋祥」，據本書卷二八四本傳、書錄解題卷五改。

〔二八〕景德中與契丹往復書　「與」原誤作「興」，今改。

〔二九〕宋咸　「咸」下原衍「平」字，據書錄解題卷五、玉海卷六九引書目刪。

〔三〇〕張舜民使遼錄　「遼」原作「邊」，郡齋志卷七作「遼」，和本書卷三四七傳所載使遼事相合，據改。

〔三一〕張之緒　原作「張文褚」，據新唐書卷五八藝文志、崇文總目卷二改。

〔三二〕宰相拜罷錄　「錄」原作「圖」，據郡齋志卷七、通考卷二〇二經籍考改。
〔三三〕徐筠　原作「徐均」，據郡齋志附志卷五上、書錄解題卷六改。
〔三四〕賈閏甫　「閏」原作「潤」，據新唐書卷五八藝文志、崇文總目卷二改。
〔三五〕李恕　「恕」下原衍「己」字，據新唐書卷五九藝文志、崇文總目卷三刪。
〔三六〕劉諫　新唐書卷五八藝文志、崇文總目卷二都作「劉餗」。
〔三七〕大唐列聖園陵記　「唐」原作「聖」，據書錄解題卷七、遂初堂書目改。
〔三八〕張讀　原作「張續」，據新唐書卷五八藝文志、通志卷六五藝文略改。
〔三九〕郭廷誨　「誨」原作「晦」，據新唐書卷五八藝文志、崇文總目卷二改。
〔四〇〕樂史登科記解題二十卷　「樂史」原舛置「二十卷」下，據本書卷三〇六樂黄目傳移正。「解題」，樂傳作「題解」。
〔四一〕避戎夜話　「戎」原作「羌」，據郡齋志卷六、書錄解題卷五、北盟會編卷九八所引書目改。
〔四二〕段公別傳　「傳」原作「集」，據新唐書卷五八藝文志、崇文總目卷二改。
〔四三〕蕭叔和　原作「蕭時和」，據同上書同卷改。
〔四四〕薛圖存　原作「薛國存」，據同上書同卷改。
〔四五〕路振　原作「路政」，據郡齋志卷七、書錄解題卷七改。

〔四六〕韓正彥　按本書卷三一二韓琦傳，琦五子無名「正彥」者；郡齋志卷九作「韓忠彥」，並云：「錄其父琦平生行事。」疑作「韓忠彥」是。

〔四七〕南陽先民傳　「先民」原作「先生」，據祕書省續四庫書目、書錄解題卷七改。

〔四八〕徐度　原作「徐虔」。書錄解題卷一一作「徐度」，今本卻掃篇有徐度自序，據改。

〔四九〕李元綱　「元」字原脫。按：今本近世厚德錄及聖門事業圖都作李元綱撰，書錄解題卷七也作「李元綱」，據補。

宋史卷二百四

志第一百五十七

藝文三

衞宏漢舊儀三卷

應劭漢官儀一卷

蔡質漢官典儀一卷

漢制拾遺一卷不知何人編。

蕭嵩唐開元禮一百五十卷一云王立等作。

又開元禮儀鏡五卷

韋彤開元禮儀釋二十卷

開元禮儀鏡略十卷

開元禮百問二卷

開元禮教林一卷

開元禮類釋十二卷

並不知作者。

顏眞卿歷古創置儀五卷

柳琞唐禮纂要六卷

韋公肅禮閣新儀三十卷

王彥威一本作「崔靈恩」續曲臺禮三十卷

王涇〔一〕大唐郊祀錄十卷

李隨吉凶五服儀一卷

紅亭紀吉儀一卷獨孤儀及陸贄撰。

孟詵家祭禮一卷

徐閏家祭儀一卷

鄭正則祠享儀一卷

又家祭儀一卷

賈頊〔二〕家薦儀一卷

范傳式寢堂時饗儀一卷

孫日用仲享儀一卷

袁郊服飾變古元錄三卷

裴茝書儀三卷

劉岳吉凶書儀二卷

陳致雍曲臺奏議集

又州縣祭祀儀、五禮儀鏡六卷

寢祀儀一卷

朱熹二十家古今祭禮二卷

政和五禮新儀二百四十卷鄭居中、白時中、慕容彥逢〔三〕、強淵明等撰。

杜衍四時祭享儀一卷

劉温叟開寶通禮二百卷

盧多遜開寶通禮儀纂一百卷

賈昌朝太常新禮四十卷

沿情子新禮一卷不知名。

大中祥符封禪記五十卷丁謂、李宗諤等撰。

大中祥符祀汾陰記五十卷丁謂等撰。

張知白御史臺儀制六卷

宋綬天聖鹵簿記十卷

文彥博、高若訥大饗明堂記二十卷

文彥博大饗明堂記要二卷

歐陽脩太常因革禮一百卷
韓琦參用古今家祭式無卷。
許洞訓俗書一卷
王安石南郊式一百十卷
李德芻聖朝徽名錄十卷
國朝祀典一卷不知作者。
陳襄郊廟奉祀禮文三十卷
諸州釋奠文宣王儀注一卷元豐間重修。
司馬光書儀八卷
又涑水祭儀一卷
居家雜儀一卷
范祖禹祭儀一卷
幸太學儀一卷元祐六年儀。
納后儀一卷元祐七年儀。
呂大防、大臨家祭儀一卷
橫渠張氏祭儀一卷張載撰。
釋奠祭器圖及諸州軍釋奠儀注一卷崇寧中頒行。
藍田呂氏祭說一卷呂大均〔四〕撰。
伊川程氏祭儀一卷程頤撰。
宣和重修鹵簿圖記三十五卷蔡攸等撰。
李沆皇宋大典三卷
夏休辨太常禮官儀定章九冕服一卷
紹興太常初定儀注三卷
范寅賓五祀新儀撮要十五卷
鄭樵鄉飲禮三卷
又鄉飲禮圖三卷
史定之鄉飲酒儀一卷
中興禮書二卷淳熙中，禮部、太常寺編。
歷代明堂事迹一卷

儀物志三卷

祀祭儀式一卷

太常圖一卷

並不知作者。

葉克刊南劍鄉飲酒儀一卷

汪檝鄉飲規約一卷

淳熙編類祭祀儀式一卷齊慶胄所撰。

張維釋奠通祀圖一卷

李亶公侯守宰士庶通禮三十卷

趙師羿熙朝盛典詩二卷

趙希蒼趙氏祭錄二卷

朱熹釋奠儀式一卷

又四家禮範五卷

家禮一卷

李宗思禮範一卷

韓挺服制一卷

張叔椿五禮新儀十五卷

高閌送終禮一卷

陳孔碩釋奠儀禮考正一卷

周端朝冠婚喪祭禮二卷集司馬氏、程氏、呂氏禮。

管銳嘗聞錄一卷

吳仁傑廟制罪言二卷

又郊祀贅說二卷

潘徽江都集禮一百四卷本百二十卷，今殘闕。

和峴祕閣集二十卷

王皥禮閣新編六十三卷

黃廉大禮式二十卷

何洵直、蔡確禮文三十卷

唐吉凶禮儀禮圖三卷

龐元英五禮新編五十卷

大觀禮書賓軍等四禮五百五卷　看詳十二卷

大觀新編禮書吉禮二百三十二卷　看詳十七卷

歐陽脩太常禮院祀儀二十四卷

和峴禮神志十卷

孫奭大宋崇祀錄二十卷

賈昌朝慶曆祀儀六十三卷

朱梁南郊儀注一卷

吳南郊圖記一卷

王涇一作「浮」祠儀一卷

陳繹南郊附式條貫一卷

向宗儒南郊式十卷

陳暘北郊祀典三十卷

蔣猷夏祭敕令格式一部卷亡。

宋郊明堂通儀二卷

明堂祫饗大禮令式三百九十三卷元豐間。

明堂大饗視朔頒朔布政儀範敕令格式一部宣和初，卷亡。

王欽若天書儀制五卷

又鹵簿記三卷

馮宗道景靈宮供奉敕令格式六十卷

景靈宮四孟朝獻二卷

諸陵薦獻禮文儀令格式并例一百五十一冊紹聖間，卷亡。

張諤熙寧新定祈賽式二卷

張傑春秋車服圖五卷

劉孝孫二儀實錄衣服名義二卷

祭服制度十六卷

祭服圖三册卷亡。

五服志三卷

裴茝五服儀二卷

劉筠五服年月「年月」一作「用」敕一卷

喪服加減一卷

李至正辭錄〔五〕三卷

朝會儀注一卷元豐間。

大禮前天興殿儀二卷元豐間。

葉均徽號册寶儀注一卷

宋綬內東門儀制五卷

李淑閤門儀制十二卷

又王后儀範三卷

梁顥閤門儀制十二卷

又幷目錄十四卷

閤門集例幷目錄、大臣特恩三十卷

閤門儀制四卷

閤門令四卷

蜀坤儀令一卷

皇后册禮儀範八册大觀間，卷亡。

帝系后妃吉禮幷目錄一百一十卷重和元年。

王巖叟中宮儀範一部卷亡。

王與之祭鼎儀範六卷

高中六尚供奉式二百册卷亡。

王叡雜錄五卷

營造法式二百五十册元祐間，卷亡。

張直方打毬儀一卷

李詠打毬儀注一卷

高麗入貢儀式條令三十卷元豐間。

高麗女眞排辨式一卷元豐間。

諸蕃進貢令式十六卷董氈、鬼章一，闍婆一，占城一，曆檀一，大食一，勿巡一，注輦一，羅、龍、方、張、石蕃一，于闐、拂箖一，交州一，龜茲、回鶻一，伊州、西州、沙州一，三佛齊一，丹眉流一，大食陀婆離一，俞盧和地一〔六〕。

王晉使範一卷

李商隱使範一卷

家範十卷

盧僎家範一卷

司馬光家範四卷

孟詵家祭儀一卷

周元陽祭錄一卷

賈氏葬王播儀一卷

鄭洵瑜書儀一卷

杜有晉書儀二卷

鄭餘慶書儀三卷

右儀注類一百七十一部，三千四百三十八卷。

律十二卷

律疏三十卷唐長孫無忌等撰。

唐式二十卷

李林甫開元新格十卷

又令三十卷

唐律令事類四十卷

度支長行旨五卷

大和格後敕四十卷

元泳式苑四卷

宋璟旁通開元格一卷

蕭旻開元禮律格令要訣一卷
裴光庭開元格令科要一卷
狄兼謩開成刑法格十卷
開成詳定格十卷
張戣大中統類十二卷
大中刑法總要六十卷
大中已後雜敕三卷
大中後雜敕十二卷
梁令三十卷
梁式二十卷
梁格十卷
天成長定格一卷
天成雜敕三卷
天福編敕三十一卷
張昭顯德刑統二十卷

姜虔嗣江南刑律統類十卷
江南格令條八十卷
蜀雜制敕三卷
盧紓刑法要錄十卷
黃克昇五刑纂要錄三卷
刑法纂要十二卷
斷獄立成三卷
黃懋刑法要例八卷
張員法鑑八卷
田晉章程體要二卷
王行先一作「仙」令律手鑑二卷
張履冰法例六贓圖二卷
張伾判格三卷
盛度沿革制置敕三卷
王皥續疑獄集四卷

趙綽律鑑一卷

法要一卷

外臺祕要一卷

百司考選格敕五卷

憲問十卷

建隆編敕四卷

開寶長定格三卷

太平興國編敕十五卷

蘇易簡淳化編敕三十卷

柴成務咸平編敕十二卷

丁謂農田勅〔七〕五卷

陳彭年大中祥符編敕四十卷

又轉運司編敕三十卷

韓琦端拱以來宣敕劄子六十卷

又嘉祐編敕十八卷　總例一卷

晁迥禮部考試進士敕一卷

呂夷簡一司一務敕三十卷

賈昌朝慶曆編敕十二卷　總例一卷

貢舉條制十二卷至和二年。

吳奎嘉祐錄令十卷

又驛令三卷

審官院編敕十五卷

王珪在京諸司庫務條式一百三十卷

銓曹格敕十四卷

孫奭律音義一卷

王誨羣牧司編十二卷

張稚圭大宗正司條六卷

王安禮重修開封府熙寧編十卷

沈立新修審官西院條貫十卷　又總例一卷

支賜式十二卷

支賜式二卷

官馬俸馬草料等式九卷

熙寧新編大宗正司敕八卷

陳繹熙寧編三司式四百卷

又隨酒式一卷

馬遞鋪特支式二卷

熙寧新定諸軍直祿令二卷

曾肇將作監式五卷

蒲宗孟八路敕一卷

李承之禮房條例并目錄十九册卷亡。

章惇熙寧新定孝贈式十五卷

又熙寧新定節式二卷

熙寧新定時服式六卷

熙寧新定皇親祿令十卷

司農寺敕一卷　式一卷

熙寧將官敕一卷

吳充熙寧詳定軍馬敕五卷

沈括熙寧詳定諸色人廚料式一卷

熙寧新修凡女道士給賜式一卷

諸敕式二十四卷

諸敕令格式十二卷

又諸敕格式三十卷

張敍熙寧葬式五十五卷

范鏜熙寧詳定尙書刑部敕一卷

張誠一熙寧五路義勇保甲敕五卷　總例一卷

又學士院等處敕式交并看詳二十卷

御書院敕式令二卷

許將熙寧開封府界保甲敕二卷

申明一卷

沈希顏元豐新定在京人從敕式三等卷亡。

李定元豐新修國子監大學小學元新格十卷

又令十三卷

賈昌朝慶曆編敕、律學武學敕式共二卷

武學敕令格式一卷元豐間。

明堂赦條一卷元豐間。

曾伉新修尚書吏部式三卷

蔡碩元豐將官敕十二卷

貢舉醫局龍圖天章寶文閣等敕令儀式及看詳四百一十卷元豐間。

宗室及外臣葬敕令式九十二卷元豐間。

皇親祿令幷釐修敕式三百四十卷

吳雍都提舉市易司敕令幷釐正看詳二十一卷　公式二卷元豐間。

水部條十九卷元豐間。

朱服國子監支費令式一卷

元絳讞獄集十三卷

崔台符元豐編敕令格式幷赦書德音、申明八十一卷

吏部四選敕令格式一部元祐初，卷亡。

元豐戶部敕令格式一部元祐初，卷亡。

六曹條貫及看詳三千六百九十四冊元祐間，卷亡。

元祐諸司市務敕令格式二百六冊卷亡。

六曹敕令格式一千卷元祐初。

紹聖續修武學敕令格式看詳幷淨條十八冊建中靖國初，卷亡。

樞密院條二十冊看詳三十冊元祐間，卷亡。

紹聖續修律學敕令格式看詳幷淨條十二冊建中靖國初，卷亡。

諸路州縣敕令格式幷一時指揮十三册卷亡。

六曹格子十册卷亡。

中書省官制事目格一百二十卷

尚書省官制事目格參照卷六十七册卷亡。

門下省官制事目格幷參照卷舊文淨條釐析

總目目錄七十二册卷亡。

徽宗崇寧國子監算學敕令格式幷對修看詳

一部卷亡。

崇寧國子監畫學敕令格式一部卷亡。

沈錫崇寧改修法度十卷

諸路州縣學法一部大觀初，卷亡。

大觀新修內東門司應奉禁中請給敕令格式

一部卷亡。

國子大學辟廱幷小學敕令格式申明一時指

揮目錄看詳一百六十八册卷亡。

鄭居中政和新修學法一百三十卷

李圖南宗子大小學敕令格式十五册卷亡。

何執中政和重修敕令格式五百四十八册卷

亡。

政和祿令格等三百二十一册卷亡。

宗祀大禮敕令格式一部政和間卷亡。

張動直達綱運法幷看詳一百三十一册卷亡。

王韶政和敕令式九百三卷

白時中政和新修御試貢士敕令格式一百五

十九卷

孟昌齡政和重修國子監律學敕令格式一百

卷

接送高麗敕令格式一部宣和初，卷亡。

奉使高麗敕令格式一部宣和初，卷亡。

明堂敕令格式一千二百六册宣和初，卷亡。

兩浙福建路敕令格式一部宣和初，卷亡。

薛昂神霄宮使司法令一部卷亡。

劉次莊青囊本旨論一卷

王晉使範一卷

和凝疑獄集三卷

竇儀重詳定刑統三十卷

盧多遜長定格三卷

呂夷簡天聖編敕十二卷

天聖令文三十卷呂夷簡、夏竦等撰。

八行八刑條一卷大觀元年御製。

崇寧學制一卷徽宗學校新法。

附令敕十八卷慶曆中編，不知作者。

五服敕一卷劉筠、宋綬等撰。

張方平嘉祐驛令三卷

又嘉祐祿令十卷

王安石熙寧詳定編敕等二十五卷

新編續降并敍法條貫一卷編治平、熙寧詔旨并官吏犯罪敍法、條貫等事。

曾布熙寧新編常平敕二卷

審官東院編敕二卷熙寧七年編。

張大中編修入國條貫二卷

又奉朝要錄二卷

范鏜熙寧貢舉敕二卷

八路差官敕一卷編熙寧總條、審官東院條、流內銓條。

熙寧法寺斷例十二卷

熙寧歷任儀式一卷不知作者。

蔡確元豐司農敕令式十七卷

李承之江湖淮浙鹽敕令賞格六卷

曾伉元豐新修吏部敕令式十五卷

崔台符元豐敕令式七十二卷

呂惠卿新史吏部式二卷

又縣法十卷

程龜年五服相犯法纂三卷

孫奭律令釋文一卷

續附敕令一卷慶曆中編，不知作者。

三司條約一卷慶曆中纂集。

陸佃國子監敕令格式十九卷

曾旼刑名斷例三卷

章惇元符敕令格式一百三十四卷

鄭居中學制書一百三十卷

蔡京政和續編諸路州縣學敕令格式十八卷

白時中政和新修貢士敕令格式五十一卷

李元弼作邑自箴一卷

張守紹興重修敕令格式一百二十五卷

紹興重修六曹寺監庫務通用敕令格式五十四卷秦檜等撰。

紹興重修吏部敕令格式并通用格式一百二卷朱勝非等撰。

紹興重修常平免役敕令格式五十四卷秦檜等撰。

紹興重修貢舉敕令格式申明二十四卷紹興中進。

紹興參附尚書吏部敕令格式七十卷陳康伯等撰。

紹興重修在京通用敕令格式申明五十六卷紹興中進。

大觀告格一卷

鄭克折獄龜鑑三卷

乾道重修敕令格式一百二十卷虞允文等撰。

淳熙重修吏部左選敕令格式申明三百卷

龔茂良等撰。

諸軍班直祿令一卷

鄭至道諭俗編一卷

趙緒〔八〕金科易覽一卷

劉高夫金科玉律總括詩三卷

金科玉律一卷

金科類要一卷

刑統賦解一卷

並不知作者。

韓琦嘉祐詳定編敕三十卷

王日休養賢錄三十二卷

淳熙重修敕令格式及隨敕申明二百四十八卷

淳熙吏部條法總類四十卷淳熙二年，敕令所編。

慶元重修敕令格式及隨敕申明二百五十六卷慶元三年詔重修。

慶元條法事類八十卷嘉泰元年，敕令所編。

開禧重修吏部七司敕令格式申明三百二十三卷開禧元年上。

嘉定編修百司吏職補授法一百三十三卷

嘉定六年上。

嘉定編修吏部條法總類五十卷嘉定中詔修。

趙仝疑獄集三卷

九族五服圖制一卷不知何人編。

大宗正司敕令格式申明及目錄八十一卷

紹興重修。

編類諸路茶鹽敕令格式目錄一卷

右刑法類二百二十一部，七千九百五十五卷。

吳兢西齋書目錄一卷
母煚古今書錄四十卷
李肇經史釋文題三卷
朱遵度羣書麗藻目錄五十卷
隆安西庫書目二卷不知作者。
唐祕閣四部書目四卷
唐四庫搜訪圖書目一卷
梁天下郡縣目一卷
後唐統類目一卷
杜鎬龍圖閣書目七卷
又十九代史目二卷
太清樓書目四卷
玉宸殿書目四卷
韋述集賢書目一卷

學士院雜撰目一卷
歐陽伸一作「坤」經書目錄十一卷
楊九齡經史書目七卷
楊松珍歷代史目十五卷
宗諫注十三代史目十卷
商仲茂〔九〕十三代史目一卷
河南東齋一作「齊」史書目三卷
曾氏史鑑三卷
孫玉汝唐列聖實錄目二十五卷
唐書敍例目錄一卷
沈建樂府詩目錄一卷
蔣彧書目一卷
劉德崇家藏龜鑑目十卷
田鎬、尹植文樞密要目〔一〇〕七卷

劉沆書目二卷
禁書目錄一卷學士院、司天監同定。
王堯臣、歐陽脩崇文總目六十六卷
沈氏萬卷堂目錄二卷
歐陽脩集古錄五卷
李淑邯鄲書目十卷
吳祕家藏書目二卷
祕閣書目一卷
史館書新定書目錄四卷不知作者。
李德芻邯鄲再集書目三十卷
崔君授京兆尹金石錄十卷
國子監書目一卷
荊州田氏書總目三卷田鎬編。
劉涇成都府古石刻總目一卷
趙明誠金石錄三十卷
又諸道石刻目錄十卷
徐士龍求書補闕一卷
董逌廣川藏書志二十六
鄭樵求書闕記七卷
又求書外記十卷
集古系時錄〔二〕一卷
圖譜有無記二卷
羣玉會記三十六卷
陳貽範穎川慶善樓家藏書目二卷
遂初堂書目〔三〕二卷尤袤集。
徐州江氏書目二卷
呂氏書目二卷
三川古刻總目一卷
鄱陽吳氏籯金堂書目三卷
孫氏羣書目錄二卷

紫雲樓書目一卷

川中書籍目錄二卷

祕書省書目二卷

陳騤中興館閣書目七十卷　序例一卷

石延慶、馮至游校勘羣書備檢三卷

右目錄類六十八部，六百七卷。

何承天姓苑十卷

林寶姓苑三卷

又姓史四卷

元和姓纂十卷

五姓證事二十卷

竇從一〔三〕系纂七卷

陳湘姓林五卷

李利涉姓氏祕略三卷

晁公武讀書志四卷

張攀中興館閣續書目三十卷

諸州書目一卷

滕強恕東湖書自志一卷

又編古命氏三卷

五聲類氏族五卷

孔平姓系氏族一卷

姓略六卷

崔日用姓苑略一卷

魏子野名字族十卷

同姓名譜六卷

尙書血脈一卷

春秋氏族譜一卷
春秋宗族謚譜一卷
帝王歷記譜二卷
帝系圖一卷
李匡文天潢源派譜說一作「統」一卷
又唐皇室維城錄一卷
又李氏房從譜一卷
李茂嵩一作「高」唐宗系譜一卷
唐書總記帝系三卷
宋玉牒三十三卷
仁宗玉牒四卷
英宗玉牒四卷
李衢皇室維城錄一卷
宋敏求韻類次宗室譜五十卷
司馬光宗室世表三卷
臣寮家譜一卷
黃恭之孔子系葉傳三卷
文宣王四十二一作「三」代家狀一卷
闕里譜系一卷
趙異世趙氏大宗血脈譜一卷
趙氏龜鑑血脈圖錄記一卷
令狐峘陸氏宗系碣一卷
陸師儒陸氏英賢記三卷
蔣王惲家譜一卷
王方慶王氏譜一卷
唐汭〔一四〕家譜一卷
劉復禮劉氏大宗血脈譜一卷
劉輿家譜一卷〔一五〕
王僧孺徐義倫家譜一卷
李用休家譜二卷

徐商徐詵家譜四卷

周長球家譜一卷

費氏家譜一卷

錢氏集錄三卷

陸景獻吳郡陸氏宗系譜一卷

毛漸毛氏世譜一部卷亡。

曾肇曾氏譜圖一卷

洪興祖韓愈年譜一部卷亡

周文汝南周氏家譜一卷

崔班歐陽家譜一卷

梁元帝古今同姓名錄二卷

竇澄之扶風竇氏血脈家譜一卷

李林甫唐室新譜一卷

又天下郡望姓氏族譜一卷

唐相譜一卷不知作者。

孔至姓氏古今雜錄〔一六〕一卷

陶茇麟陶氏家譜一卷

李匡文元和縣主昭穆譜一卷

又皇孫郡王譜一卷

玉牒行樓一卷

偕日譜一卷

邢曉帝王血脈小史記五卷

又帝王血脈圖小史後記五卷

韋述百家類例三卷

韋述、蕭穎士宰相甲族一卷

裴楊休百氏譜五卷

曹大宗姓源韻譜一卷

杜信京兆杜氏家譜一卷

劉沆劉氏家譜一卷

唐顏氏家譜一卷

韓吏部譜錄二卷
李氏郇王家譜一卷
並不知作者。
唐邴唐氏譜略一卷
楊侃家譜一卷
宋仙源積慶圖一卷起僖祖〔一七〕迄哲宗。
宗室齒序圖一卷
天源類譜一卷
祖宗屬籍譜一卷
向敏中家譜一卷向緘撰。
邵思姓解三卷
錢惟演錢氏慶系譜二卷
王回清河崔氏譜一卷
孫祕尊祖論世錄一卷
蘇洵蘇氏族譜一卷
錢明逸熙寧姓纂六卷
魏予野古今通系圖一卷
李復南陽李英公家譜一卷
成鐸文宣王家譜一卷
吳逵帝王系譜〔一八〕一卷
黃邦俊羣史姓纂韻六卷
顏幀兗國公正枝譜一卷
採眞子千姓編一卷
符彥卿家譜一卷符承宗撰。
建陽陳氏家譜一卷
萬氏譜一卷
趙郡東祖李氏家譜〔一九〕二卷
鮮于氏血脈圖一卷
長樂林氏家譜一卷
並不知作者。

丁維皐百族譜三卷

又齊梁本支一卷

鄧名世古今姓氏書辨證四十卷

徐筠姓氏源流考七十八卷

李燾晉司馬氏本支一卷

李氏歷代諸史總括姓氏錄一卷

右譜牒類一百十部，四百三十七卷。

桑欽水經四十卷酈道元注。

梁載言十道四蕃志十五卷

城冢記一卷按序，魏文帝三年，劉裕得此記。

韋述兩京新記五卷

葛洪關中記一卷

達奚弘通西南海蕃行記一卷

雷次宗豫章古今記三卷

馬温之鄴都故事〔三〇〕二卷

沈懷遠南越志五卷

李吉甫元和郡國圖志四十卷

梁元帝職貢圖一卷

元結九疑山圖記一卷

楊衒之洛陽伽藍記三卷

賈耽皇華四達十卷

煬帝開河記一卷不知作者。

又貞元十道錄四卷

魏王泰坤元錄十卷

國要圖一卷

沙門辨機大唐西域記十二卷

方志圖二卷

三代地理志六卷

地理論六卷

劉之推文括九土一作「州」要略三卷

樂史坐知天下記四十卷

王曾九域圖三卷

王洙皇祐方域圖記三十卷

要覽一卷

韓郁十道四蕃引一卷

趙珣開元分野圖一卷

又十道記一卷

十八路圖一卷　圖副二十卷熙寧間天下州府軍監縣鎮圖。

李德芻元豐郡縣志三十卷　圖三卷

沈括天下郡縣圖一部卷亡。

陳坤臣郡國人物志一百五十卷

歐陽忞巨鼇記五卷

孫結唐國鑑圖一卷

曹璠國照十卷

又元和國計圖十卷

韋澳諸道山河地名要略九卷一名處分語，一名新集地理書。

陳延禧隋朝洛都記一卷

又蜀北路秦程記一卷

北征雜記一卷

姜嶼明越風物志七卷

元廣之金陵地記六卷

劉公鉉〔三〕鄴城新記三卷

李璋太原事迹十四卷

盧求襄陽故事十卷

湘中記一卷

余知古渚宮故事十卷

張周封華陽風俗錄一卷

韓昱江州事迹三卷張密注。

韋宙一作「寅」零陵錄一卷

楊備恩蜀都故事二卷

許嵩六朝宮苑記二卷

邢昺景德朝陵地理記三十卷

韋齊一作「濟」休〔三〕雲南行記二卷

馬敬寔諸道行程血脈圖一卷

陳隱之續南荒錄一卷

韋皋一作「臯」西南夷事狀二十卷

西戎記二卷

張建章渤海國記三卷

顧愔新羅國記一卷

達奚洪一作「通」海外三十六國記一卷

雲南風俗錄十卷

辛怡顯至道雲南錄三卷

李德裕黠戛斯朝貢圖一卷

崔峽列國入貢圖二十卷

郭璞山海經讚二卷

元結諸山記一卷

岳瀆福地圖一卷

盧鴻嵩嶽記一卷

華山記一卷

衡山記一卷

峨眉山記二卷

僧法琳廬山記一卷

陸鴻漸顧渚山記一卷

令狐見堯玉笥山記一卷

沈立蜀江志十卷

宣和編類河防書一百九十二卷
東方朔十洲記一卷
張華異物評二卷
劉恂嶺表錄異三卷
嶺表異物志一卷
孟琯嶺南異物志一卷
南海異事五卷
鄭虔天寶軍防錄一卷
林特會稽錄三十卷
盛度庸調租賦三卷
陳傳歐冶拾遺一卷
毛漸地理五龍祕法一部卷亡。
林諝閩中記十卷
盧肇海潮賦一卷
僧應物九華山記二卷
又九華山舊錄一卷
盧求成都記五卷
樊綽雲南志十卷
又南蠻記十卷
李居一王屋山記一卷
徐雲虔南詔錄三卷
韋莊蜀程記一卷
又峽程記一卷
莫休符桂林風土記一卷
章僚海外使程廣記〔三〕三卷
張建章戴斗諸蕃記一卷
曹璠須知國鏡二卷
王權大梁夷門記一卷
吳從政襄沔雜記三卷
竇滂雲南別錄一卷

陸廣微吳地記一卷
曹大宗郡國志二卷
韋瑾域中郡國山川圖經一卷
唐夷狄貢一卷
兩京道里記三卷不知作者。
張脩〔一四〕九江新舊錄三卷
張氏燕吳行役記二卷不知作者。
羅含湘中山水記三卷
平居誨于闐國行程錄一卷
胡嶠陷虜記一卷
王德璉鄱陽縣記一卷
徐鍇方輿記一百三十卷
范子長皇州郡縣志一百卷
司馬儼峽山履平集一卷
潘子韶峽江利涉集一卷

杜光庭續成都記一卷
范旻邕管雜記三卷
李昉歷代宮殿名一卷
樂史太平寰宇記二百卷
魏羽吳會雜錄一卷
張參江左記三卷
陶岳零陵總記十五卷
李宗諤圖經九十八卷
又圖經七十七卷
越州圖經九卷
陽明洞天圖經十五卷
李垂導河形勝書一卷
王曾契丹志一卷
楊備恩平郡譜一卷
劉夔武夷山記一卷

林世程〔三〕重修閩中記十卷

郭之美羅浮山記一卷

周衡湘中新記七卷

陳倩茅山記一卷

僧文政南嶽尋勝錄一卷

李上交豫章西山記二卷

廣西郡邑圖志一卷張維序。

王靖廣東會要四卷

張田廣西會要二卷

劉昌詩六峯志十卷

薛常州地理叢考一卷

李和篪輿地要覽二十三卷

重修徐州圖經三卷嘉定中撰。

離寉志十卷

鴈山行記一卷不知何人編。

王日休九丘總要三百四十卷

余嘉聖域記二十五卷

程大昌雍錄十卷

錢景衎南嶽勝概一卷

曾洵句曲山記七卷

周淙臨安志十五卷

談鑰吳興志二十卷

潘廷立富川圖志六卷

韓挺儀眞志七卷

劉浩然合肥志十卷

李說黃州圖經五卷

童宗說盱江志十卷

姜得平又續志十卷

袁震臨江軍圖經七卷

李伸重修臨江志七卷

雷孝友瑞州郡縣志十九卷

田渭辰州風土記六卷

袁覲潼川府圖經十一卷

張津四明圖經十二卷

史正志建康志十卷

江文叔桂林志一卷

蔡戡靜江府圖志十二卷

熊克鎮江志十卷

葛元隲武陽志十卷

宋宜之無爲志三卷

胡兆秋浦志八卷

羅願新安志十卷

汪師孟黃山圖經一卷

范成大桂海虞衡志三卷

韋楫昭潭志二卷

晁百揆尋陽志十二卷

吳芸沅州圖經四卷

安南土貢風俗一卷乾道中，安南入貢，客省承詔具其風俗及貢物名數。

程九萬歷陽志十卷

蘇思恭曲江志十二卷

毛憲信安志十六卷

臨賀郡志一卷不知作者。

蕭玠晉康志七卷

周端朝桂陽志五卷

劉子登武陵圖經十四卷

鄭昉都梁志二卷

赤城志四十卷陳耆卿序。

陸游會稽志二十卷

王中行潮州記一卷

莆陽人物志三卷鄭僑序。

王震閬苑記三十卷

冉木潛藩武泰志十四卷

趙抃成都古今集記三十卷

張朏齊記一卷

南北對鏡圖一卷

混一圖一卷

西南蠻夷朝貢圖一卷

巨鼇記六卷

交廣圖一卷

平江府五縣正圖經二卷

並不知作者。

李華湟川開峽志五卷

宋敏求長安志一十卷

又東京記二卷

河南志二十卷

陳舜俞廬山記二卷

謝頤素海潮圖論一卷

王瓘北道刊誤志十五卷

林須霍山記一卷

檀林甌冶拾遺一卷

又大理國行程一卷

陳冠熙河六州圖記一卷

王向弼龍門記三卷

王存九域志十卷

孟猷上饒志十卷

滕宗諒九華山新錄一卷

朱長文吳郡圖經續記三卷

王正倫古今洛城事類二卷

王得臣江夏辨疑一卷

譚掞邕管溪洞雜記一卷
李洪鎮洮補遺一卷
李獻父隆慮洞天錄一卷
林嶾永陽志三十五卷
曾旼永陽郡縣圖志四卷
劉拯濠上摭遺一卷
蘇氏夏國樞要二卷
左文質吳興統記十卷
孫穆雞林類事三卷
馬子嚴岳陽志二卷
程縯職方機要四十卷
范致明岳陽風土記一卷
又池陽記一卷
歐陽忞輿地廣記三十八卷
虞剛簡永康軍圖志二十卷

錢紳同安志十卷
徐兢宣和奉使高麗圖經〔二六〕四十卷
吳致堯九疑考古二卷
洪芻豫章職方乘三卷
董棻嚴州圖經八卷
厲居正齊安志二十卷
洪遵東陽志十卷
許靖夫齊安拾遺一卷
環中汴都名實志三卷
陳哲夫李渠志一卷
續修宜春志十卷
唐稷清源人物志十三卷
李盛章貢志十二卷
曾貢括蒼志十卷
陳柏朋括蒼續志一卷

趙彥勵莆陽志十五卷
陸琰莆陽志七卷
李獻父相臺志十二卷
江行圖志一卷沈該訂正，不知作者。
同安後志十卷
大禹治水玄奥錄一卷
三輔黄圖一卷
高麗日本傳一卷
南劍州圖經一卷
地里圖一卷
指掌圖二卷
南海錄一卷
福建地理圖一卷
泉南錄二卷
吳興雜錄七卷
南朝宮苑記一卷
廬山事迹三卷
並不知作者。
李常續廬山記一卷
東京至益州地里圖卷亡。
四明山記一卷
地里圖一卷
南岳衡山記一卷
考城圖經一卷
常州風土記一卷
清溪山記一卷
水山記一卷
茅山新記一卷
青城山記一卷
契丹國土記、契丹疆宇圖二卷

契丹地里圖一卷

並不知作者。

李幼傑莆陽比事七卷

何友諒武陽志二十七卷

陳謙永寧編十五卷

黃以寧惠陽志十卷

劉牧建安志二十四卷

又建安續志類編二卷

鄒孟卿寧武志十五卷

李皐汀州志八卷

林英發景陵志十四卷

楊彥爲保昌志八卷

傅巖鄖城志十二卷

楊泰之普州志三十卷

孫祖義高郵志三卷

宇文紹奕臨邛志二十卷

又補遺十卷

林晡姑孰志五卷

王招蕪湖圖志九卷

楊櫄臨漳志十卷

方杰清漳新志十卷

章穎文州古今記十二卷

杜孝嚴文州續記四卷

孫楙春陵圖志十卷

張貴謨臨汝圖志十五卷

徐自明零陵志十卷

又浮光圖志三卷

梁克家長樂志四十卷

張埏零陵志十卷

陸峻、丁光遠蘄春志十卷

段子游均州圖經五卷
李章之邵陽圖志三卷
黄汰邵陽紀舊一卷
鞏嶸邵陵類考二卷
孫顯祖靖州圖經四卷
黄曄龜山志三卷
李震彭門古今集志二十卷
蔡峕續同安志一卷
程叔達隆興續職方乘十卷
項預吳陵志十四卷
朱端章南康記八卷
又廬山拾遺二十卷
練文廬州志十卷
吳機吉州記三十四卷
錢之望、吳莘楚州圖經二卷
劉宗襄陽志四十卷
劉淸之衡州圖經三卷
趙甲隆山志三十六卷
鄒補之毗陵志十二卷
王銖荆門志十卷
張孝曾富水志十卷
王㮚重修荆門志十卷
徐得之郴江記八卷
史本古汭志一卷
周夢祥贛州圖經卷亡。
閻蒼舒興元志二十卷
許開南安志二十卷
孫昭先淮南通川志十卷
余元一淸湘志六卷
鄭少魏廣陵志十二卷

褚孝錫長沙志十一卷
鄭紳桂陽圖志六卷
黃疇若龍城圖志十卷
胡至重修龍城圖志十卷
陳宇房州圖經三卷
虞太中臨封志三卷
曹叔達永嘉志〔三七〕二十四卷
周澂永嘉志七卷
鄭應申江陰志十卷
梁希夷新昌志一卷
馬景脩通川志十五卷
黃環夷陵志六卷
馬導夔州志十三卷
四明風俗賦一卷不知何人撰。
丁介武陵郡離合記六卷

史定之番陽志三十卷
楊潛雲間志三卷
徐筠修水志十卷
張元成嘉禾志四卷
鄧樞鶴山叢志十卷
王寬夫古涪志十七卷
李棣浮光圖志二十卷
林仁伯古歸志十卷
趙興清歷陽志補遺十卷
王知新合淝志十卷
霍箎澧陽圖志八卷
劉伋陵水圖志三卷
胡槻普寧志三卷
王寅孫沈黎志二十三卷
趙汝廈程江志五卷

又瓊管圖經十六卷
劉灝清源志七卷
沈作賓、趙不迹會稽志二十卷
邵笥括蒼慶元志一卷
趙善贛通義志三十五卷
張士佺西和州志十九卷
李脩己同谷志十七卷
李錡續同谷志十卷
羲太初高涼圖志七卷
趙師叜潮州圖經二卷
鄭郥洋州古今志十六卷
張㥄甘泉志十五卷
陳峴南海志十三卷
趙伯謙韶州新圖經十二卷
俞聞中敍州圖經三十卷

黎伯巽靜南志十二卷
任逢墊江志三十卷
劉德禮夔州圖經四卷
馬紆續廬山記四卷
江州圖經一卷
宕渠志二卷
吉陽軍圖經一卷
忠州圖經一卷
珍州圖經三卷
衢州圖經一卷
沅州圖經四卷
復州圖經三卷
果州圖經五卷
思州圖經一卷
南平軍圖經一卷

大寧監圖經六卷並不知作者。

右地理類四百七部，五千一百九十六卷。

越絕書十五卷或云子貢所作。

趙曄吳越春秋十卷

司馬彪九州春秋九卷

常璩華陽國志十二卷

和苞漢趙記一卷

范亨燕書二十卷

蕭方等三十國春秋三十卷

三十國春秋鈔一卷不知作者。

吳信都鎬漑上英雄小錄二卷

吳錄二十卷徐鉉、高遠、喬舜、潘佑〔三八〕等撰。

南唐書十五卷不知作者。

王顏南唐烈祖開基志十卷

李昊蜀書二十卷

蔣文懌閩中實錄十卷

林仁志王氏紹運圖三卷

毛文錫前蜀王氏記事二卷

吳越備史十五卷吳越錢儼託名范坰、林禹撰。

錢儼備史遺事五卷

王保衡晉陽見聞要錄一卷

董淳後蜀孟氏記事三卷

徐鉉、湯悅江南錄十卷

路振九國志五十一卷

又楚書五卷

鄭文寶南唐近事集一卷

又江表志二卷
陳彭年江南別錄四卷
龍衮江南野史二十卷
曾顏渤海行年記十卷
胡賓王劉氏興亡錄一卷
陶岳荆湘近事十卷
周羽沖三楚新錄三卷
曹衍湖湘馬氏故事二十卷
王舉天下大定錄十卷
盧臧楚錄五卷
張唐英蜀檮杌十卷

劉恕十國紀年四十卷
閩王事迹一卷
高氏世家十卷
湖南故事十三卷
十國載記三卷
江南餘載二卷
高皇帝過江事實〔三九〕一卷
廣王事迹一卷
並不知作者。
錢惟演家王故事一卷

右霸史類四十四部，四百九十八卷。

凡史類二千一百四十七部，四萬三千一百九卷。

校勘記

〔一〕王涇　原作「王經」，據新唐書卷五八藝文志、崇文總目卷二改。

〔二〕賈頊　原作「賈瑱」，據新唐書卷五八藝文志、書錄解題卷六改。

〔三〕慕容彥逢　「逢」原作「達」。按五禮新儀卷首，撰者有慕容彥逢；書錄解題卷六同。據改。

〔四〕呂大均　疑當作「呂大鈞」，大鈞本書卷三四〇有傳。

〔五〕正辭錄　「正」原作「王」，據本書卷九八禮志、崇文總目卷二改。

〔六〕大食陀婆離一俞盧和地一　「大食」下原衍「陀婆離一人俞盧和地一」十字。按：本書卷四九〇大食傳說：「其國部屬各異名，故有勿巡，有陁婆離，有俞盧和地，有麻囉跋等國，然皆冠以大食。」志文所載國名與傳合。又從董氈、鬼章起，至俞盧和地止，總數爲十六卷，與志文著錄的卷數亦合。其「陀婆離一人俞盧和地一」十字應是衍文，今刪。

〔七〕農田勑　「農田」二字原倒，據本書卷一九八刑法志、崇文總目卷二乙正。

〔八〕趙緒　崇文總目卷二作「趙綽」。郡齋志卷八說：「田氏書目有蕭緒金科易覽三卷，當是綽初撰一卷，緒刪改析之爲三爾。」

〔九〕商仲茂　四庫闕書目、祕書省續四庫書目等都作「殷仲茂」，「商」字蓋宋人諱改。

〔一〇〕田鎬尹植文樞密要目　按尹植唐人，田鎬宋人。新唐書卷五八藝文志、通志卷六六藝文略、玉海卷五二都作「尹植文樞祕要目」。

〔一一〕集古系時錄　「古」下原衍「今」字，據通考卷二〇七經籍考删。

〔一二〕遂初堂書目　「初」原作「安」。書錄解題卷八作「遂初堂書目」，今傳本同。據改。

〔一三〕竇從一　原作「竇從則」，據新唐書卷五八藝文志、崇文總目卷二改。

〔一四〕唐㳂　祕書省續四庫書目、通志卷六六藝文略作「唐納」。

〔一五〕劉輿家譜一卷　「輿」原作「與」，「譜一」二字原脫。據新唐書卷五八藝文志、通志卷六六藝文略改補。

〔一六〕姓氏古今雜錄　「姓氏」原作「姓名」，據新唐書卷五八藝文志、崇文總目卷二改。

〔一七〕僖祖　原作「僖宗」。按宋奉趙朓爲「僖祖」，非「僖宗」，據玉海卷五一「積慶圖」條改。

〔一八〕帝王系譜　「系」下原衍「家」字，據書錄解題卷八、玉海卷四七引書目删。

〔一九〕趙郡東祖李氏家譜　「趙郡」原作「趙群」，據新唐書卷五八藝文志、崇文總目卷二改。

〔二〇〕馬溫之鄴都故事　新唐書卷五八藝文志、通志卷六六藝文略、玉海卷一六都作「馬溫」。

〔二一〕劉公鉉　「鉉」上原衍「衒」字，據本書卷二〇三藝文志劉公鉉鄴城舊事條删。新唐書卷五八藝文志、通志卷六六藝文略、崇文總目卷二「鄴城新記」條，「鉉」字都作「銳」。

〔二二〕韋齊休　「休」原作「沐」，據新唐書卷五八藝文志和太平御覽卷九一九、九二四、九七四改。

〔二三〕海外使程廣記 「外」字原脫，據書錄解題卷八、通志卷六六藝文略補。

〔二四〕張脩 新唐書卷五八藝文志、崇文總目卷二、通志卷六六藝文略都作「張容」。

〔二五〕林世程 原作「程世程」，據書錄解題卷八、崇文總目卷二改。

〔二六〕宣和奉使高麗圖經 「經」字原脫。按：今本卷首有徐兢所撰宣和奉使高麗圖經序；清波雜志卷七、書錄解題卷八也都作「圖經」，據補。

〔二七〕曹叔達永嘉志 據書錄解題卷八、本書卷四一六曹叔遠傳，疑「達」當作「遠」，「志」當作「譜」。

〔二八〕喬舜潘佑 「喬舜」當作「喬匡舜」，陸游南唐書卷八有傳，「匡」字蓋避宋諱刪。「潘佑」原作「潘祐」，據本書卷四七八潘佑傳、南唐書卷九高遠傳改。

〔二九〕高皇帝過江事實 「高」下原衍「宗」字，據通志卷六五藝文略、崇文總目卷二刪。

宋史卷二百五

志第一百五十八

藝文四

子類十七：一曰儒家類，二曰道家類，釋氏及神仙附。三曰法家類，四曰名家類，五曰墨家類，六曰縱橫家類，七曰農家類，八曰雜家類，九曰小說家類，十曰天文類，十一曰五行類，十二曰蓍龜類，十三曰曆算類，十四曰兵書類，十五曰雜藝術類，十六曰類事類，十七曰醫書類。

晏子春秋十二卷

曾子二卷

子思子七卷

孟子十四卷

陸善經孟子註七卷

王雱注孟子十四卷〔一〕

蔣之奇孟子解六卷

荀卿子二十卷戰國趙人荀況書。

楊倞注荀子二十卷

黎錞校勘荀子二十卷

魯仲連子五卷戰國齊人。

董子一卷董無心撰。

尸子一卷尸佼撰。

子華子十卷自言程氏名本，字子華，晉國人。中興書目曰：「近世依託。」朱熹曰：「僞書也。」

孔叢子七卷漢孔鮒撰。朱熹曰：「僞書也。」

桓寬鹽鐵論十卷

揚雄太玄經十卷

又揚子法言十三卷

張齊太玄正義統論一卷

又太玄釋文玄說二卷

宋惟幹〔三〕太玄經注十卷

王涯注太玄經六卷

柳宗元注揚子法言十三卷宋咸補注。

馬融忠經一卷

玄測一卷漢宋衷解，吳陸績釋之。

王符潛夫論十卷

關朗洞極元經傳五卷

四注孟子十四卷揚雄、韓愈、李翺、熙時子四家注。

王通文中子十卷宋阮逸注。

太宗帝範二卷

顏師古糾繆正俗八卷

王涯說玄一卷

林愼思續孟子二卷

韓熙載格言五卷

眞宗正說十卷〔三〕

徐鉉質論一卷

許洞演玄十卷

刁衎本說十卷

王敏太平書十卷

賈冏山東野錄〔四〕七卷

宋咸過文中子十卷

又太玄音一卷

章詧太玄圖一卷

又太玄經發隱一卷

鼇隅子歔欷鏁微論一卷黄晞撰。

邵亢體論十卷

周惇頤太極通書一卷

司馬光潛虛一卷

又文中子傳一卷

集注四家揚子十三卷

集注太玄經六卷

並司馬光集。

家範十卷

師望元鑒十卷

范鎮正書一卷

張載正蒙書十卷

又雜述一卷

程頤遺書二十五卷

語錄二卷程頤與弟子問答。

孟子解四卷程頤門人記。

徐積節孝語一卷江端禮錄。

呂大臨孟子講義十四卷

蘇轍孟子解一卷

王令孟子講義五卷

龔原孟子解十卷

陳暘孟子解義十四卷
張鎰〔五〕孟子音義三卷
丁公著孟子手音一卷
孫奭孟子音義二卷
劉安世語錄二卷
王開祖儒志一卷
游酢孟子解義十四卷
又雜解一卷
謝良佐語錄一卷
陳禾孟子傳十四卷
晁說之易玄星紀譜二卷
陳漸演玄七卷
許允成孟子新義十四卷
范冲要語一卷
張九成孟子拾遺一卷
語錄十四卷
張憲武勸學錄六卷
劉子翬十論一卷
張行成潛虛衍義十六卷
又皇極經世索隱一卷
觀物外篇衍義九卷
翼玄十二卷
鄭樵刊繆正俗跋正八卷
文軫信書三卷
宋衷解太玄經義訣〔六〕十卷李沂集。
馮休〔七〕删孟子一卷
陳之方致君堯舜論一卷
又削荀子疵一卷
徐庸注太玄經十二卷
又玄頤一卷

僧全瑩太玄略例一卷

王紹珪古今孝悌錄二十四卷

尹焞〔八〕孟子解十四卷

語錄四卷尹焞門人馮忠恕、祁寬、呂堅中記。

鄒浩孟子解十四卷

朱熹孟子集注十四卷

又孟子集義十四卷

或問十四卷

延平師弟子問答一卷

語錄四十三卷朱熹門人所記。

張栻孟子詳說十七卷

又孟子解七卷

蔡沉至書一卷

張氏孟子傳三十六卷

錢文子孟子傳贊十四卷

王汝猷孟子辨疑十四卷

諸儒鳴道集七十二卷濂溪、涑水、橫渠等書。

程迥諸論辨一卷

近思錄十四卷朱熹、呂祖謙編類周敦頤、程頤、程顥、張載等書。

外書十二卷程顥、程頤講學。

邵雍漁樵問對一卷

祝禹圭東西銘解一卷

蘇籀遺言一卷

曾發泮林討古二卷

張九成語錄十四卷

胡宏知言一卷

麗澤論說集十卷呂祖謙門人記。

周葵聖傳錄一卷

吳仁傑鹽石論丙丁二卷

陳舜申審是集一卷
塗近正明倫二卷
彭龜年止堂訓蒙二卷
呂氏鄉約儀一卷呂大鈞撰。
李公省心雜言一卷不知名。
董與幾學政發縱一卷
高登修學門庭一卷
劉敞弟子記一卷
石月至言一卷余應求刊其父之言。
戴溪石鼓孟子答問三卷
陳師道後山理究一卷
北山家訓一卷
伊洛淵源十三卷
聞見善善錄一卷
質疑請益一卷

並不知作者。

楊浚韋子內篇三卷
又聖典三卷
王向忠經三卷
劉貺〔九〕續說苑十卷
法聖要言十卷
李琪皇王大政論十卷
高舉帝道書十卷
魯大公公侯正術十卷
蕭佚牧宰政術二卷
趙瑩君臣政論二十五卷
興政論三卷
丘光庭康教論一卷
張弧素履子一卷
張陟里訓十卷

趙湶中庸論一卷
趙鄰幾鯫子一卷
朱昂資理論三卷
何涉治道中說三十篇卷亡。
龔鼎臣中說解十卷
范祖禹帝學八卷
章懷太子修身要覽十卷
太宗文明政化十卷
眞宗承華要略二十卷
名墨縱橫家無所增益〔10〕答邇英聖問一卷

仁宗書三十五事，丁度等答。

顏之推家訓七卷
狄仁傑家範一卷
先賢誡子書二卷
開元御集誡子書一卷
古今家戒四卷
黃訥家戒一卷
柳玢誡子拾遺十卷
孫奕示兒編一部

右儒家類一百六十九部，一千二百三十四卷、篇。

河上公老子道德經注一卷
嚴遵老子指歸十三卷
王弼老子注二卷

又道德略歸一卷

陸修靜老子道德經雜說一卷
傅奕道德經音義二卷

唐玄宗注老子道德經二卷有序。
唐玄宗道德經音疏六卷
成玄英道德經開題序訣義疏七卷
杜光庭道德經廣聖義疏三十卷
僧文儻道德經疏義十卷
趙至堅道德經疏三卷
張惠超道德經志玄疏三卷
陸氏道德經傳四卷
扶少明道德經譜二卷
谷神子註經諸家道德經疏二卷河上公、葛仙公、鄭思遠、睿宗、玄宗疏。
李若愚道德經注一卷
喬諷道德經疏義節解二卷
道德經小解一卷
陳景元道德注二卷

蔣之奇老子解二卷
又老子繫辭解二卷
張湛列子音義一卷
張昭補注莊子十卷
張烜莊子通眞論三卷
南華眞經篇目義三卷
李暹訓文子注十二卷
朱弁〔二〕文子注十二卷
墨布一作「希」子文子注十二卷
王源亢倉子注三卷
亢倉子音義一卷
范乾元一作「九」四子樞要二卷
衞偕一作「稽」白朮子三卷
太公等陰符經注一卷
張果陰符經注一卷

又陰符經辨命論一卷

袁淑眞陰符經注一卷

又陰符經疏三卷

陰符集解五卷

韋洪陰符經疏訣一卷

蔡望陰符經注一卷

又陰符經要義一卷

陰符經小解一卷

張魯陰符經元義一卷

李靖陰符機一卷

房山長注大丹黃帝陰符經〔三〕一卷

梁丘子注黃庭內景玉經一卷

黃庭外景經一卷

黃庭外景玉經注訣一卷

黃庭五藏論圖一卷

老子黃庭內視圖一卷

胡愔黃庭內景圖一卷

黃庭外景圖一卷

魏伯陽周易參同契三卷

參同大易誌三卷

徐從事注周易參同契三卷

參同契合金丹行狀十六變通眞訣一卷

鄭遠之參同契心鑑一卷

張處參同契大易圖一卷

晁公武老子通述二卷

老子道德經三十家注六卷唐道士張君相集解。

葛玄老子道德經節解二卷

道德經內解二卷不知作者。

老子道德經內節解二卷題尹先生注。

王顧老子道德經疏四卷

李榮老子道德經注二卷

李約老子道德經注四卷

碧雲子老子道德經藏室纂微二卷不知名。

老子道德經義二卷

老子指例略一卷

並不知作者。

張湛列子注八卷

郭象注莊子十卷

成玄英莊子疏十卷

文如海莊子正義十卷

又莊子邈一卷

黃帝陰符經一卷舊目云，驪山老母注，李筌撰。

集注老子二卷明皇、河上公、王弼、王雱〔一三〕等注。

呂知常老子講義十二卷

李筌陰符經疏一卷

陰符玄譚一卷不知作者。

文子十二卷舊書目云，周文子撰。

鶡冠子三卷不知姓名。漢志云：「楚人，居深山，以鶡羽爲冠，因號云。」

亢倉子三卷一名庚桑子。戰國時人，老子弟子。

抱朴子別旨二卷不知作者。

司馬子微坐忘論一卷

天機經一卷

道體論一卷

無能子一卷

並不知作者。

吳筠玄綱一卷

劉向關尹子九卷

劉驥老子通論語二卷

徽宗老子解二卷

列子解八卷

呂惠卿莊子解十卷

司馬光老子道德經注二卷

蘇轍老子道德經義二卷

趙令穆老子道德經解二卷

李士表莊子十論一卷

沈該陰符經注一卷

朱熹周易參同契一卷

朱安國陰符元機一卷

程大昌易老通言十卷

右道家類一百二部，三百五十九卷。

鳩摩羅什譯金剛般若波羅蜜經一卷

沙門曇景譯佛說未曾有因緣經二卷

玄奘譯波般若波羅蜜多心經一卷

般剌密帝彌伽釋迦譯首楞嚴經十卷

佛說一乘究竟佛心戒經一卷

佛說三亭廚法經二卷

佛說法句經一卷

佛垂涅槃略說教戒經一卷

四經失譯。

馬鳴大師摩訶衍論五卷

起信論二卷

僧肇寶藏論三卷

彥琮〔四〕福田論一卷

道信大乘入道坐禪次第要論一卷

法琳〔五〕辨正論八卷陳子良注。

慧海大師入道要門論一卷

淨本和尚語論〔一六〕一卷

惠能仰山辨宗論一卷

勸修破迷論一卷

金沙論一卷

明道宗論〔一七〕一卷

偈宗秘論一卷

四論不知撰人。

法藏心經一卷

惟慤首楞嚴經疏六卷

宗密圓覺經疏六卷

圓覺道場修證儀十八卷

起信論鈔三卷

傅大士、寶誌金剛經贊一卷

惠能金剛經口訣義一卷

金剛經大義訣〔一八〕二卷

大白和尚金剛經訣一卷

法深起信論疏二卷

忠師百法明門論疏二卷

蕭子良統略淨住行法門〔一九〕一卷

元康中觀論三十六門勢疏一卷

華嚴法界觀門一卷宗密〔二〇〕注。

傅大士心王傳語一卷

行道難歌一卷

竺道生十四科元贊義記一卷

灌頂國清道場百錄一卷

楞伽山主小參錄一卷

道宣通感決疑錄一卷

大唐國師小錄法要集一卷

紹修漳州羅漢和尚法要〔二一〕三卷持琛。

白居易八漸通眞議〔二二〕一卷

張雲元中語寶三卷
大閬和尚顯宗集一卷
大雲和尚要法一卷惠海。
元覺一宿覺傳一卷
魏靜永嘉一宿覺禪宗集一卷
達摩血脈一卷
本先竹林集一卷
寶覺禪師見道頌一卷寓言居士注。
道瑾禪宗理性偈一卷
石頭和尚參同契一卷宗美注。
惠忠國師語一卷冉氏。
東平大師默論一卷
義榮天台國師百會語要一卷
齊寶神要〔三〕三卷
懷和百丈廣語一卷

統休無性和尚說法記一卷
惠明棲賢法雋一卷
龍濟和尚語要一卷
荷澤禪師微訣一卷
楊士達禪關八問一卷宗美〔四〕。
句令禪門法印傳五卷
淨惠禪師偈頌一卷
義淨求法高僧傳二卷
飛錫往生淨土傳五卷
法海六祖法寶記一卷
壇經一卷
辛崇僧伽行狀一卷
靈湍攝山棲霞寺記一卷
師哲前代國王修行記〔五〕一卷
盧求金剛經報應記三卷

賢首華嚴經纂靈記五卷
元偉眞門聖胄集五卷
雲居和尚示化實錄一卷
覺昱高僧纂要五卷
智月僧美三卷
裴休拾遺問一卷
神澈七科義狀一卷
夢徵內典編要十卷
紫陵語一卷
大藏經音四卷
眞覺傳一卷
渾混子三卷解寶藏論。
遺聖集一卷
菩提心記一卷
積元集一卷
相傳雜語要一卷
德山集一卷仰山、潙山語。
會昌破胡集一卷
妙香丸子法一卷
潤文官錄一卷唐人。
迦葉祖裔記一卷
釋門要錄五卷
紫陵語〔三六〕以下不知撰人。
十朋請禱集一卷
瑞象歷年記一卷
惟勁禪師贊頌一卷
釋華嚴漩洑偈一卷
馬裔孫看經贊一卷
法喜集二卷
文益法眼禪師集一卷

法眼禪師集眞贊一卷

高越舍利塔記一卷

可洪藏經音義隨函三十卷

建隆雍熙禪頌三卷

魏德謩無上祕密小錄五卷

程讜釋氏蒙求五卷

延壽感通賦一卷

李遵天聖廣燈錄三十卷

呂夷簡景祐寶錄二十一卷

僧肇寶藏論一卷

又般若無知論一卷

涅槃無名論一卷

僧慧皎[三七]高僧傳十四卷

僧佑弘明集十四卷

僧寶唱比丘尼傳五卷

僧佑釋迦譜五卷

甄鸞笑道論三卷

僧慧可達摩血脈論一卷

費長房開皇歷代三寶記十四卷

又開皇三寶錄總目一卷

國清道場百錄五卷僧灌頂纂，僧智顗修。

僧法琳破邪論三卷

又辨正論八卷

僧彥琮釋法琳別傳三卷

僧慧能注金壇經一卷

又撰金剛經口訣一卷

僧慧昕注壇經二卷

僧辨機唐西域志十二卷

僧道宣續高僧傳三卷

又佛道論衡三卷

三寶感應錄三卷

釋迦氏譜一卷

廣弘明集〔二八〕三十卷

僧政覺金沙論一卷

僧神會〔二九〕荷澤顯宗記一卷

華嚴法界觀門一卷僧法順集，僧宗密注。

僧宗密禪源諸詮二卷

又原人論一卷

大乘起信論一卷

魏靜永嘉一宿覺禪師集一卷

僧道世法苑珠林一百卷〔三〇〕

僧慧忠十答問語錄一卷

無住和尚說法二卷僧鈍林集。

僧普願語要一卷

龐蘊語錄一卷唐丁頔編。

僧神清北山參元語錄十卷

僧慧海頓悟入道要門論一卷

僧義淨求法高僧傳三卷

僧元應唐一切經音義一十五卷

僧澄觀華嚴經疏十卷

僧紹脩語要一卷

裴休傳心法要一卷

唐六譯金剛經贊一卷鄭覃等撰。

僧慧祥古清涼傳二卷

僧應之四注金剛經一卷

釋迦方志一卷唐終南大一山僧撰。

僧延壽宗鏡錄一百卷

僧贊寧僧史略三卷

僧道原景德傳燈錄三十卷

晁迥法藏碎金十卷

道院集要三卷不知作者。

僧延昭衆吼集一卷

僧重顯瀑布集一卷

又語錄八卷

僧世冲釋氏詠史詩三卷

僧居本廣法門名義一卷

僧慧皎僧史二卷

僧契嵩輔教編三卷

僧省常錢塘西湖淨社錄三卷

僧道誠釋氏須知三卷

僧道誠釋氏要覽三卷

王安石注維摩詰經三卷

朱士挺伏虎行狀一卷

僧自嚴行狀一卷陳嘉謨撰。

李之純成都大悲寺集二卷

又成都大慈寺記二卷

僧惟白續燈錄三十卷

僧宗頤勸孝文二卷

又禪苑清規十卷

蹇序辰諸經譯梵三卷

王敏中勸善錄六卷

楊諤水陸儀二卷

僧智達祖門悟宗集二卷

樓穎傳翕小錄要集一卷

僧宗永宗門統要十卷

僧智圓閑居編五十一卷

僧懷深注般若波羅密多心經一卷

僧原白注證道歌一卷

僧宗杲語錄五卷黃文昌撰。

僧慧達夾科肇論二卷

僧應乾楞嚴經標指要義二卷
僧靈操釋氏蒙求一卷
僧馬鳴釋摩訶衍論十卷
僧闍那多迦譯羅漢頌一卷
僧菩提達磨存想法一卷
又菩提達磨胎息訣一卷
頌證道歌一卷篇首題正覺禪師撰。
淨慧禪師語錄一卷
蓮社十八賢行狀一卷
法顯傳一卷
諸經提要二卷
五公符一卷
寶林傳錄一卷
並不知作者。
李通玄華嚴合論一卷
張戒注楞伽集注八卷
佛陀多羅譯圓覺經二卷
般剌密諦譯楞嚴經十卷
法寶標目十卷王右編。
僧肇譯維摩經十卷
晁迥耄智餘書三卷
八方珠玉集四卷大圓、塗毒二僧集諸家禪語。
王日休金剛經解四十二卷
淨土文十一卷王日休撰。
語錄二卷松源和尚講解答問。
普燈錄三十卷僧正受集。
諸天傳二卷僧行霆述。
奏對錄一卷佛照禪師淳熙間奏對之語。
崇正辨三卷胡寅〔三〕撰。

右釋氏類二百二十二部，九百四十九卷。

劉向列仙傳三卷

王褒桐柏眞人王君外傳一卷

周季通玄洲上卿蘇君記一卷

葛洪神仙傳十卷

馬陰二君內傳一卷

上眞衆仙記一卷

隱論雜訣一卷

金木萬靈訣一卷

抱朴子養生論一卷

太淸玉碑子一卷葛洪與鄭惠遠問答。

二女眞詩一卷紫微夫人及東華中候王夫人作。

施眞人銘眞論一卷

旌陽令許遜靈劍子一卷

黃帝內傳一卷籛鏗得於石室。

東方朔十洲三島記一卷

淮南王劉安太陽眞粹論一卷

黃玄鍾蓬萊山西鼇還丹歌一卷

婁敬草衣子還丹訣一卷

魏伯陽還丹訣一卷

周易門戶參同契一卷

太丹九轉歌一卷

華佗老子五禽六氣訣一卷

陸脩靜老子道德經雜說一卷

五牙導引元精經一卷

黃庭經一卷其文初爲五言四章，後皆七言，論人身扶養修治之理。

李千乘黃庭中景經注一卷
尹喜黃庭外景經注一卷
襄楷太平經一百七十卷
李堅東極謝眞人傳一卷
王禹錫海陵三仙傳一卷
施肩吾眞仙傳道集二卷
　三住銘一卷
　西山羣仙會眞記〔三〕一卷
長孫滋崔氏守一詩傳一卷
吳筠神仙可學論一卷
　又形神可固論一卷
　著生論一卷
　明眞辨僞論一卷
　心目論一卷
　玄門論一卷
　元綱論一卷
　諸家論優劣事一卷
　辨方正惑論〔三〕一卷
杜光庭二十四化詩一卷
　又二十四化圖一卷
　神仙感遇傳十卷
　墉城集仙錄十卷
　應現圖三卷
　仙傳拾遺四十卷
　歷代帝王崇道記一卷
　道教靈驗記二十卷
　道經降傳世授年載圖一卷
謝良嗣〔四〕中嶽吳天師內傳一卷
李渤李天師傳一卷
　眞系傳一卷

張隱居演龍虎上經二卷
盧潘侯眞人傳一卷
沈汾續仙傳三卷
尹文操樓觀先師本行內傳一卷
玄元聖記經十卷
刁琰廣仙錄一卷
見素子洞仙傳十卷
傅元鎭應緣道傳十一卷
晞暘子賓仙傳三卷
南嶽夫人淸虛玉君內傳一卷
范邈南嶽魏夫人內傳一卷
李遵三茅君內傳一卷
梁日廣釋仙論一卷
赤松子中誡篇一卷
金石論一卷

門天老曆一卷
泠然子學神仙法一卷
賈嵩陶先生傳序三卷
吳先主孫氏太極左仙公神仙本起內傳一卷
華嶠眞人周君內傳一卷
劉海蟾詩一卷
太一眞君固命歌一卷晉葛洪譯。
張融三破論一卷
陶弘景養性延命錄二卷
導引養生圖一卷
神仙玉芝瑞草圖二卷
上淸握中訣三卷
登眞隱訣三十五卷
眞誥十卷
華陽道士韋處玄注老子西昇經二卷

魏曇巒法師服氣要訣一卷
陳處士同洪讓〔三五〕書老子道經一卷
李淳風正一五眞圖一卷
孫思邈退居志一卷
　眞氣銘一卷
九幽福壽論一卷
龍虎亂日篇一卷
李用德晉州羊角山慶曆觀記一卷
王元正清虛子龍虎丹一卷
驪山母黃帝陰符大丹經解一卷房山長集。
吳兢保聖長生纂要坐隅障二卷
僧一行天眞皇人九仙經一卷
尹愔老子五廚經注一卷
周涖頴陽書一卷
昝商導養方三卷

李廣中指眞訣一卷
僧遵化〔三六〕養生胎息祕訣一卷
高駢性箴金液頌一卷
黃仲山玄珠龜鏡三卷
裴鉉〔三七〕延壽赤書一卷
張果紫靈丹砂表一卷
　內眞妙用訣一卷
　休糧服氣法一卷
大易誌圖參同經一卷玄宗與葉靜能、一行答問語。
王紳〔三八〕太淸宮簡要記一卷
康眞人氣訣一卷
盧遵元太上肘後玉經方一卷
楊知玄淮南王練聖法一卷
老子元道經一卷南統孟謫仙傳授。
李延章中元論一卷

胡微玉景內篇二卷

黃庭內景五藏六腑圖一卷大白山見素女子胡愔撰。

王懸河三洞珠囊三十卷

王貞範洞天集二卷

捷神子唐元指玄篇一卷

中央黃老君洞房內經一卷

黃老中道君洞房內經一卷

黃老神臨藥經一卷

太清眞人絡命訣一卷

太上老君血脈論一卷

靈寶服食五芝精一卷

黃帝內經靈樞略一卷

黃帝九鼎神丹經訣十卷

黃帝內丹訣一卷

太極眞人風鳴爐火經一卷

紫微帝君王經寶訣一卷

太上老君服氣胎息訣一卷

老子中經二卷

老子神仙歷藏經一卷

王母太上還童採華法一卷

紫微帝君紫庭祕訣一卷

茅眞君靜中吟一卷

王茅君雜記一卷

陰眞君還丹歌一卷

金液還丹歌一卷

元君付道傳心法門一卷

徐眞君丹訣一卷

張眞君靈芝集一卷

彭君訣黃白五元神丹經一卷

太一眞君元丹訣一卷
陳大素九天飛步內訣眞經一卷
河間眞人劉演金碧潛通祕訣一卷
大白山李眞人調元妙經一卷
陳少微大洞煉眞寶經一卷
申天師服氣要訣一卷
張天師石金記一卷
玄元先生日月混元經一卷
鄭先生不傳氣經一卷
建平然先生少來苦樂傳一卷
赤城隱士服藥經三卷
臥龍隱者少玄胎息歌一卷
蜀郡處士胎息訣一卷
成都李道士太上洞玄靈寶修眞論一卷
務元子混成經一卷

務成子注太上黃庭內景經一卷
含光子契眞刊謬玉鑰匙一卷
鄧雲子清虛眞人裴君內傳一卷
廣成子靈仙祕錄陰丹經一卷
紫陽金碧經一卷
昇玄養生論
青霞子旨道篇一卷
又龍虎金液還丹通玄論一卷
寶藏論一卷
易元子勸道詩一卷
逍遙子內指通玄訣三卷
攝生祕旨一卷
升玄子造化伏汞圖一卷
潁陽子神仙修眞祕訣十二卷
元陽子金石還丹訣一卷

眞一子金鑰匙一卷
九眞中經一卷赤松子傳。
暢元子雜錄經訣尊用要事一卷
狐剛子粉圖〔三九〕五卷
左掌子證道歌一卷
中皇子服氣要訣一卷
桑楡子新舊氣經一卷
玄明子柳沖用巨勝歌一卷
葉眞卿玄中經一卷
丁少微眞一服元氣法一卷
洞元子通元子通玄指眞訣一卷
眞常子服食還丹證驗法一卷
煙蘿子內眞通玄歌一卷
獨孤滔丹房鏡源文三卷
天台白雲服氣精義論一卷
徐懷遇學道登眞論一卷
曹聖圖鉛汞五行圖一卷
張素居金石靈臺記一卷
高先大道金丹歌一卷
陳君舉朝元子玉芝書三卷
呂洞賓九眞玉書一卷
陶植蓬壺集三卷
修仙要訣一卷華子期授於用里先生。
上相青童太上八術知慧滅魔神虎隱文一卷
碧巖張道者中山玉櫃服神氣經一卷
司世抱陽劍術一卷
金明七眞人三洞奉道科誡三卷
楊歸年修眞延祕集三卷
陰長生三皇經一卷
馬明生赤龍金虎中鉛鍊七返還丹訣卷亡。

上官翼養生經一卷
王弁新舊服氣法一卷
傅士安還丹訣一卷
徐道邈注老子西昇經二卷
劉仁會注西昇經一卷
張隨解參同契一卷
李審頤神論二卷
處士劉詞混俗頤生錄一卷
閭丘方遠太上經祕旨一卷
道士張乾森自然券立成儀一卷
張承先度靈寶經表具事一卷
玉晨奔日月圖一卷
眞祕訣一卷寶冠授達磨。
僧玄玄疑甄正論三卷
王長生紫微內庭祕訣三卷

傳授五法立成儀一卷
寒山子大還心鑑一卷
守文居鎡長生纂要一卷
莊周氣訣一卷
朗然子詩一卷
山居道士佩服經符儀一卷不知名。
蘇登天老神光經一卷
內外丹訣二卷集王元正、李黃中等撰。
崔公入藥鏡三卷
混元內外觀十卷
張君房雲笈七籤百二十卷
樂史總仙祕錄一百三十卷
余卞十二眞君傳二卷
李信之雲臺異境集一卷
賈善翔高道傳十卷

猶龍傳三卷
張隱龍三茅山記一卷
王松年仙苑編珠一卷
李昌齡感應篇一卷
朱宋卿徐神翁語錄一卷
太宗眞宗三朝傳授讚詠儀二卷
眞宗汴水發願文一卷
徽宗天眞示現記三卷
陳摶九室指玄篇一卷
王欽若七元圖一卷
先天紀三十六卷
翊聖保德傳三卷
丁謂降聖記三十卷
耿肱養生眞訣一卷
青霞子丹臺新錄九卷

李思聰道門三界詠三卷
張端金液還丹悟眞篇一卷
彭曉周易參同契分章通眞儀三卷
參同契明鑑訣一卷
姚稱攝生月令圖一卷
錢景衎南嶽勝概編一卷
謝修通玉笥山祖記實錄一卷
張無夢還元篇一卷
純陽集一卷
上淸五牙眞祕訣一卷
二仙傳一卷
成仙君傳一卷
劉眞人傳一卷
平都山仙都觀記二卷
師譜一卷

十眞記一卷
仙班朝會圖五卷
賴卿記一卷
大還丹照鑑登仙集一卷
斷穀要法一卷
裴君傳行事訣一卷
太上墨子枕中記二卷
太上太素玉錄一卷
太上倉元上錄一卷
學仙辨眞訣一卷
洞眞金元八景玉錄一卷
五嶽眞形圖一卷
祭六丁神法一卷
神仙雜歌詩一卷
玄門大論一卷

九轉丹歌一卷
太和樓觀內紀本草記一卷
老君出塞記一卷
五嶽眞形論一卷
黃帝三陽經五明乾贏坤巴訣一卷
正一肘後修用訣一卷
正一法文目一卷
正一論一卷
正一上元九星圖一卷
正一脩行指要三卷
正一法十籙召儀一卷
正一奏章儀一卷
正一醮江海龍王神儀都功版儀一卷
太上符鏡一卷
谷神賦一卷

黃書過度儀一卷
太上八道命籍二卷
靈寶聖眞品位一卷
靈寶飛雲天篆一卷
上淸佩文訣五卷
上淸佩文黑券訣一卷
福地記一卷
曲素憂樂慧辭一卷
皇人三一圖一卷
西昇記一卷
胎精記解結行事訣一卷
高上金眞元籙一卷
長睡法一卷
大洞玄保眞養生論一卷
曲素訣辭一卷

太上丹字紫書一卷
絕玄金章一卷
紫鳳赤書一卷
靈寶步虛詞一卷
金紐太淸陰陽戒文一卷
太上紫書錄傳一卷
度太一玉傳儀一卷
奔日月二景隱文一卷
司命楊君傳記一卷
回耀太眞隱書一卷
思道誡一卷
潘尊師傳一卷
三尸經一卷
金簡集三卷
無名道者歌一卷

大丹會明論一卷
太清眞人九丹神祕經一卷
金鏡九眞玉書一卷
八公紫府河車歌一卷
大還祕經一卷
神仙肘後三宮訣二卷
太極紫微元君補命祕錄一卷
老君八純玄鼎經一卷
海蟾子還金篇一卷
太清篇火式一卷
太一眞人五行重玄論一卷
龍虎大還丹祕訣一卷
煉五神丹法一卷
太清丹經經一卷
神仙庚辛經一卷

紫白金丹訣一卷
仙公藥要訣一卷
三十六水法一卷
金虎赤龍經一卷
玉清內書一卷
太上老子服氣口訣一卷
燒煉雜訣法一卷
太清金液神丹經三卷
休糧諸方一卷
胎息根旨要訣一卷
修眞內煉祕訣一卷
上清修行訣一卷
大道感應論一卷
太上習仙經契錄一卷
回耀飛光日月精氣上經一卷

攝生增益錄一卷
神氣養形論一卷
服餌仙方一卷
鉛汞指眞訣一卷
服食日月皇華訣一卷
神仙藥名隱訣一卷
鍊花露仙醞訣一卷
繕生集一卷
道術旨歸一卷
按摩要法一卷
醮人神法一卷
上淸大洞眞經玉訣一卷
草金丹法一卷
十二月五藏導引一卷
大昜二十四篇一卷

服氣鍊神祕訣一卷
老君金書內序一卷
尹眞人本行記一卷
陶陸問答一卷
諸家修行纂要一卷
谷神祕訣三卷
太淸導引調氣經一卷
大玄部道興論二十七卷
富貴日用篇一卷
入室思赤子經一卷
餌芝草黃精經一卷
治身服氣訣一卷
玉皇聖台神用訣一卷
燒金石藥法一卷
神仙服食經一卷

三天君烈紀一卷

養生要錄三卷

神仙九化經一卷

調元氣法一卷

太上保眞養生論一卷

神仙祕訣三論三卷

元君肘後術三卷

山水穴竇圖一卷

養生諸神仙方一卷

五經題迷一卷

右神仙類三百九十四部，一千二百十六卷。

右道家附釋氏神仙類凡七百十七部，二千五百二十四卷。

管子二十四卷齊管夷吾撰。

商子五卷衞公孫鞅撰。

愼子一卷愼到撰。

韓子二十卷韓非撰。

尹知章注管子十九卷

杜佑管氏指略二卷

丁度管子要略五篇卷亡。

董仲舒春秋決事一作「獄」〔四〇〕十卷丁氏平，黃氏正〔四一〕。

李文博治道集十卷

張去華大政要錄三卷

右法家類十部，九十九卷。

公孫龍子一卷趙人。

劉邵人物志二卷

尹文子一卷齊人。

杜周士廣人物志二卷

鄧析子二卷鄭人。

右名家類五部，八卷。

墨子十五卷宋墨翟撰。

右墨家類一部，十五卷。

鬼谷子三卷

鮑彪注國策十卷

高誘注戰國策三十三卷

右縱橫家類三部，四十六卷。

夏小正戴氏傳四卷傅崧卿注。

杜臺卿玉燭寶典十二卷

蔡邕月令章句一卷

唐玄宗删定禮記月令一卷

李林甫注解月令一卷

韓鄂歲華紀麗四卷

韋行規月錄一卷

李綽秦中歲時記一卷一名咸鎬記〔四二〕。

李邕金谷園記一卷

徐鍇歲時廣記一百二十卷內八卷闕。

賈昌朝國朝時令集解十二卷

宋綬歲時雜詠二十卷

劉安靖時鏡新書五卷

孫昷備閱注時令一卷

歲中記一卷

十二月纂要一卷

保生月錄二卷

四時錄四卷

並不知作者。

張方夏時志別錄一卷

又夏時考異一卷

許狀元節序故事十二卷許尙編。

眞宗授時要錄十二卷

孫思邈齊人月令三卷

宗懔荆楚歲時記一卷

李綽輦下歲時記一卷

劉靖時鑑雜一作「新」書四卷

岑賁月壁一卷

孫翰月鑑二卷

嵇含南方草木狀三卷

賈思勰齊民要術十卷

則天皇后兆人本業三卷

陸羽茶經三卷

又茶記一卷

温庭筠採茶錄一卷
茶苑雜錄一卷不知作者。
張又新煎茶水記一卷
韓鄂四時纂要十卷
賈耽醫牛經卷亡。
淮南王養蠶經一卷
孫光憲蠶書三卷
秦處度蠶書一卷
毛文錫茶譜一卷
史正志菊譜一卷
任璹彭門花譜一卷
周序洛陽花木記一卷
陶朱公養魚經一卷
熊寅亮農子一卷
賈朴牛書一卷

王旻山居要術三卷
又山居雜要三卷
山居種蒔要術一卷
戴凱之竹譜三卷
無求子酒經一卷不知姓名。
大隱翁酒經一卷
是齋售用一卷
李淳風四民福祿論三卷
牛皇經一卷
辨五音牛欄法一卷
農家切要一卷
荔枝故事一卷
並不知作者。
封演錢譜一卷
張台錢錄一卷

于公甫古今泉貨圖一卷
侯氏萱堂香譜一卷
范如圭田夫書一卷
賈元道大農孝經一卷
陳靖勸農奏議三十篇
林勳本政書十卷
又本政書比校二卷
治地旁通一卷
王章水利編三卷
僧贊寧筍譜一卷
僧仲休花品記一卷
丁謂北苑茶錄三卷
又天香傳一卷
歐陽脩牡丹譜一卷
蔡襄茶錄一卷
沈立香譜一卷
又錦譜一卷
茶法易覽十卷
丁度土牛經一卷
孔武仲芍藥譜一卷
張峋花譜一卷
沈括志懷錄三卷
竇苹酒譜一卷
馮安世林泉備五卷
呂惠卿建安茶用記二卷
劉攽芍藥譜一卷
王觀芍藥譜一卷
洪芻香譜五卷
章炳文壑源茶錄一卷
吳良輔竹譜二卷

葛澧酒譜一卷

高伸食禁經三卷

劉異北苑拾遺一卷

宋子安東溪茶錄一卷

陳翥桐譜一卷

張宗誨花木錄七卷

周絳補茶經〔三〕一卷

葉庭珪南蕃香錄一卷

樓璹耕織圖一卷

曾安止〔四〕禾譜五卷

曾之謹農器譜三卷

陳旉農書三卷

熊蕃宣和北苑貢茶錄一卷

韓彥直永嘉橘錄三卷

王居安經界弓量法一卷

右農家類一百七部，四百二十三卷、篇。

鬻熊子一卷

呂不韋呂氏春秋二十六卷高誘注。

陸賈新語二卷

賈誼新書十卷

淮南子鴻烈解二十一卷淮南王安撰。

許慎注淮南子二十一卷

高誘注淮南子十三卷

劉向新序十卷

又說苑二十卷

仲長統昌言二卷

王充論衡三十卷
邊誼續論衡二十卷
應劭風俗通義十卷
徐幹中論十卷
蔣子萬機論十卷魏蔣濟撰。
諸葛亮武侯十六條一卷
沈顔聱書十卷
傅子五卷晉傅玄撰。
陸機正訓十卷
崔豹古今注三卷
周蒙續古今注三卷
張華博物志十卷
葛洪抱朴子內篇二十卷
又抱朴子外篇五十卷
劉子三卷題劉晝撰。

奚克讓劉子音釋三卷
又音義三卷
湘東王繹金樓子十卷
庾仲容子鈔三十卷
顧野王符瑞圖二卷
孫綽子十卷
范泰古今善言三十卷
沈約袖中記三卷
尹子五機論三卷
商子逸〔四五〕商子新書三卷
鄭璋道言錄三卷
杜正倫百行章一卷
李文博治道集十卷
虞世南帝王略論五卷
劉嚴芻蕘論三卷

李賢修書要覽〔四六〕十卷
羅隱兩同書二卷
李直方正性論一卷
韓熙載格言五卷
　又格言後述三卷
黃晞聱隅書〔四七〕十卷
李淳風感應經三卷
魏徵時務策〔四八〕一卷
　又祥瑞錄十卷
朱敬則十代興亡論十卷
張說才命論一卷
楊相如君臣政要論三卷
趙自勔造化權輿六卷
元子十卷元結撰。
杜佑理道要訣十卷
皇甫選注何亮本書三卷
邵元體論十卷
馬總意林三卷
　又意樞二十卷
林慎思伸蒙子三卷
丘光庭規書一卷
　又兼明書十二卷
牛希濟理源二卷
　又治書十卷
朱朴致理書十卷
盧藏用子書要略三卷
臧嘉猷史玄機論十卷
歐陽浚周紀聖賢故實十卷
徐融帝王指要三卷
張輔宰輔明鑒十卷

趙湘補政忠言十篇卷亡。
徐氏忠烈圖一卷
孝義圖一卷
趙彥衞雲麓漫鈔二十卷
又雲麓續鈔二卷
南唐後主李煜雜說二卷
劉子法語二十卷劉鶚撰。
又通論五卷
宋齊丘化書六卷
又理訓十卷
葛澧經史摭微四卷
劉賡稽瑞一卷
趙甡長短要術九卷
吳筠兩同書二卷
馬縞中華古今注三卷

蘇鶚演義十卷
樂朋龜五書一卷
徵微子服飾變古一卷
狐剛子感應類從譜一卷
通幽子靈臺隱祕寶符一卷扶風隱者。
李恂前言往行錄三卷
尹子五卷
鄭至道諭俗編一卷
彭仲剛諭俗續編一卷
黃巖虛犧範圍圖傳二卷
張時舉弟子職女誡鄉約家儀鄉儀一卷
李宗思尊幼儀訓一卷
呂本中官箴一卷
何薳春渚記聞十三卷
王普答問難疑一卷

徐度崇道却掃編十三卷
吳曾漫錄十三卷
魏泰書可記一卷
又續東軒雜錄一卷
馮忠恕涪陵記一卷
洪興祖聖賢眼目一卷
又語林五卷
姚寬叢語上下二卷
唐稷硯岡筆志一卷
吳箕常譚二卷
袁采世範三卷
又欷歔子一卷
葉適習學記言四十五卷
項安世項氏家記十卷
徐彭年涉世錄二十五卷
又涉世後錄二十五卷
坐忘論一卷
呂祖謙紫微語錄一卷
葉模石林過庭錄三十七卷
李石樂善錄十卷
劉鵬縣務綱目二十卷
周朴三教辨道論一卷
僧贊寧物類相感志十卷
又要言二卷
柳宋藪記十卷
王錡動書一卷
宋祁筆錄一卷
龍昌期天保正名論八卷
胥餘慶瑞應雜錄十卷
刁衎治道中術三卷

朱景先默書三卷
鄧綰馭臣鑒古論二十卷
王韶敷陽子七卷
天釁子一卷不知姓名。
吳宏羣公典刑二十卷
高承事物紀原十卷
陳瓘中說一卷
孔平仲良史事證一卷
李新塾訓十三卷
　又欲書五卷
李格非史傳辨志五卷
晁說之客語一卷
方行可治本書一卷
王揚英黼扆誡一卷
何伯熊機密利害一卷

李皜審理書一卷
張大樾翠微洞隱百八十卷
李易要論一卷
何亮本書三卷
劉長源治本論一卷
鄭樵十說二卷
潘植忘筌書〔四九〕二卷
洪氏雜家五卷不知名。
瑞錄十卷
冗錄一卷
治獄須知一卷
之官申戒一卷
瑞應圖十卷
玉泉子一卷
中興書一卷

汲世論一卷

並不知作者。

東莞子十卷

李子正辨十卷

劉潛羣書集三卷

成嵩韻史一卷

陳鄂十經韻對二十卷

又四庫韻對九十九卷

魏玄成祥應一作「瑞」圖十卷

劉振通籍錄異二十卷

趙志忠大遼事跡十卷

右雜家類一百六十八部，一千五百二十三卷、篇。

校勘記

〔一〕王雱注孟子十四卷　「王雱」原作「王雩」，據郡齋志卷一〇、宋會要崇儒五之二六改。

〔二〕宋惟幹　原作「宋惟澣」，據郡齋志卷一〇、四庫闕書目、祕書省續四庫書目改。

〔三〕眞宗正說十卷　「正說」原作「正統」。據玉海卷二八、通志卷六六藝文略改。

〔四〕賈罔山東野錄　「賈罔」原作「賈岡」。本書卷四三二賈同傳：同，初名罔，著山東野錄。祕書省續四庫書目、書錄解題卷九正作賈同，是賈同即賈罔，「岡」爲「罔」之誤。據改。

〔五〕張鎰　原作「張諡」，據新唐書卷五九藝文志、郡齋志卷一〇、書錄解題卷三改。

〔六〕太玄經義訣　「經義」二字原倒，據隋書卷三四經籍志、玉海卷三六乙正。

〔七〕馮休　原作「馬休」，據郡齋志卷一〇、玉海卷四一改。

〔八〕尹焞　原作「尹惇」，按尹焞本書卷四二八有傳，據書錄解題卷三改，下同。

〔九〕劉貺　原作「劉餗」，據新唐書卷一三二本傳、卷五九藝文志和通志卷六六藝文略改。

〔一〇〕名墨縱横家無所增益　考異卷七三謂此係宋國史舊文，元人修本書，「照本增入，此語亦遂存而不删」。尋繹文義，此或爲丁度等答仁宗所問之語，卽以作爲書題，似亦可通。

〔一一〕朱弁　四庫闕書目、遂初堂書目作「朱弁」，本書卷三七三朱弁傳不記其注文子事。玉海卷五三有朱玄注文子十二卷，郡齋志卷一一作唐朱元（玄）注。疑「朱弁」當作「朱玄」。

〔一二〕房山長注大丹黄帝陰符經　「丹」原作「冊」，據通志卷六七藝文略及下文神仙類「房山長集驪山母黄帝陰符大丹經解」條改。

〔一三〕王雱　原作「王雩」。按本書卷三二七王雱傳：「又作老子訓傳及佛書解義」，「乃以雱所作策及注道德經鏤板」。郡齋志卷一一有王元澤（卽王雱）注老子二卷。據改。

〔一四〕彥琮　原作「彥宗」，據新唐書卷五九藝文志、通志卷六七藝文略改。

〔一五〕法琳　原作「法林」，據同上書同卷改。

〔一六〕淨本和尚語論　「語論」二字原倒，據崇文總目卷四、通志卷六七藝文略乙正。

〔一七〕明道宗論　「論」字原脫，據同上書同卷補。

〔一八〕金剛經大義訣　「經」字原脫，據上下文「金剛經口義訣」、「金剛經訣」例及崇文總目卷四補。

〔一九〕統略淨住行法門　崇文總目卷四、通志卷六七藝文略作「統略淨住子淨行法門」。

〔二〇〕宗密　原作「宋密」，據下文及郡齋志卷一六、金石萃編卷一一四改。

〔二一〕漳州羅漢和尙法要　「漳州」原作「漳洲」，據崇文總目卷四、通志卷六七藝文略改。

〔二二〕八漸通眞義　「通」字原脫，據新唐書卷五九藝文志、崇文總目卷四補。

〔二三〕神要　崇文總目卷四作「禪要」。

〔二四〕宗美　新唐書卷五九藝文志作「宗美對」。

〔二五〕師哲前代國王修行記　「師哲」原作「師質」，「國」字原脫。據新唐書卷五九藝文志、崇文總目卷四改補。

〔二六〕紫陵語　原脫「語」字，據上文補。

〔二七〕慧皎　原作「慧皓」，舊唐書卷四六經籍志、新唐書卷五九藝文志都作「惠皎」；通志卷六七藝文略作「慧皎」。據改。

〔二八〕廣弘明集　「廣」字原脫，據舊唐書卷四七經籍志、新唐書卷五九藝文志補。

〔二九〕神會　原倒，據景德傳燈錄卷三〇引荷澤大師顯宗記乙正。

〔三〇〕一百卷　「百」字原脫，據新唐書卷五九藝文志、崇文總目卷四補。

〔三一〕胡寅　原作「胡演」，按崇正辨三卷今存，題宋胡寅撰，胡寅本書卷四三五有傳，據改。

〔三二〕西山羣仙會眞記　「西山」原作「西都」。遂初堂書目、書錄解題卷一二都作「西山」；新唐書卷五九藝文志有施肩吾辨疑論，下注：肩吾，唐元和進士，隱洪州西山。據改。

〔三三〕辨方正惑論　「正」原作「士」，據新唐書卷五九藝文志、崇文總目卷四改。

〔三四〕謝良嗣　原作「謝良弼」，據新唐書卷五九藝文志、通志卷六七藝文略改。

〔三五〕同洪讓　考異卷七三說：「『同』，當作『周』，卽周弘讓，宋人避諱，改爲『洪』字。」

〔三六〕僧遵化　祕書省續四庫書目、通志卷六七藝文略作「賈遵化」。

〔三七〕裴鉉　新唐書卷五九藝文志、崇文總目卷四作「裴煜」。

〔三八〕王紳　祕書省續四庫書目、通志卷六七藝文略作「王坤」。

〔三九〕粉團　崇文總目卷四、通志卷六七藝文略作「粉圖」，疑是。

〔四〇〕一作獄　「一」字原脫。舊唐書卷四七經籍志、新唐書卷五九藝文志此書都作春秋決獄，據補。

〔四一〕丁氏平黃氏正　「平」原作「主」，崇文總目卷一「春秋決事比」條說：「漢董仲舒撰，丁氏平，黃氏正。……汝南丁季、江夏黃復平正得失。」作「平」是，據改。

〔四二〕咸鎬記　「咸」原作「成」。書錄解題卷六「咸鎬故事」條按語：「館閣書目，秦中歲時記一名咸鎬歲時記。」「咸」指咸陽，「鎬」指鎬京。此處省「歲時」二字，據改。

〔四三〕補茶經　原作「補山經」，據四庫闕書目、祕書省續四庫書目、郡齋志卷一二改。

〔四四〕曾安止　原作「曾安正」，按周必大周益國文忠公集卷五〇跋東坡秧馬歌、卷五二曾南夫提舉文集序、卷五四曾氏農器譜題辭都提及禾譜一書，作者爲曾安止，字移忠。四庫闕書目正作「曾安止移忠撰」，據改。

〔四五〕商子逸　原作「商孝逸」，據崇文總目卷三、通志卷六六藝文略改。

〔四六〕李賢修書要覽　按上文儒家類已載有章懷太子修身要覽，此疑重出，又誤「身」爲「書」。

〔四七〕黃晞聱隅書　「晞」原作「希」，「聱」原作「聲」，並誤。書錄解題卷一〇、遂初堂書目有黃晞撰聱隅子，本書卷四五八本傳，稱其「自號聱隅子，著歔欷瑣微論十卷」。上文儒家類著錄聱隅子歔欷瑣微論，註云黃晞撰，今改。

〔四八〕時務策　「務」原作「物」，據新唐書卷六〇藝文志、崇文總目卷五改。

〔四九〕潘植忘筌書　「植」原作「祖」，「忘」原作「志」。據書錄解題卷九、卷一〇、通考卷二一四經籍考改。

宋史卷二百六

志第一百五十九

藝文五

燕丹子三卷

東方朔神異經二卷晉張華傳。

師曠禽經一卷張華注。

王子年拾遺記十卷晉王嘉撰。

干寶搜神總記十卷

寶櫝記十卷

並不知作者。

殷芸小說十卷

劉義慶世說新語三卷

任昉述異記二卷

吳均續齊諧記一卷

沈約俗說一卷

陶弘景古今刀劍錄一卷

江淹銅劍讚一卷

顧烜〔一〕錢譜一卷

顏之推還冤志三卷

陽松玠八代談藪二卷

張說五代新說二卷

又鑑龍圖記一卷

陸藏用神告錄一卷

劉餗傳記三卷

又隋唐佳話一卷

小說三卷

段成式酉陽雜俎二十卷

又續酉陽雜俎十卷

盧陵官下記二卷

封演聞見記五卷

張讀宣室志十卷

唐臨冥報記二卷

陸長源辨疑志〔二〕三卷

柳宗元〔三〕龍城錄一卷

柳氏小說舊聞六卷柳公權撰。

柳珵常侍言旨一卷

盧弘正昭義軍別錄一卷

温造瞿童述一卷

韋絢戎幕閑談一卷

又劉公嘉話一卷

賓客佳話一卷

房千里南方異物志一卷

鍾輅前定錄一卷

劉軻牛羊日曆一卷

李翺卓異記一卷

李德裕志支機寶一卷

又幽怪錄十四卷

李商隱雜纂一卷

范攄雲溪友議十一卷

陸勳集異志二卷
李復言續玄怪錄五卷
李亢獨異志十卷
袁郊甘澤謠一卷
裴紫芝續卓異記一卷
鄭遂洽聞記二卷
康駢劇談錄二卷
馮贄〔四〕雲仙散錄一卷
尉遲樞南楚新聞三卷
皇甫枚三水小牘二卷
王叡炙轂子雜錄五卷
胡璩〔五〕談賓錄五卷
劉崇遠金華子雜編三卷
趙璘因話錄六卷
郭良輔武孝經一卷
女孝經一卷侯莫陳邈妻鄭氏撰。
皇甫松酒孝經一卷
羅邵會稽新錄一卷
李隱大唐奇事十卷
又瀟湘錄十卷
陳翰〔六〕異聞集十卷
焦璐稽神異苑十卷
李匡文資暇錄三卷
顏師古隋遺錄一卷
鄭棨開天傳信記一卷
俞子螢雪叢說一卷
李義山雜藁一卷
劉存事始三卷
劉睿續事始三卷
馮鑑續事始五卷

李濬松窗小錄一卷

劉愿知命錄一卷

張固幽閑鼓吹一卷

會昌解頤錄五卷

樹萱錄三卷

桂苑叢談一卷

聞奇錄三卷

溟洪錄二卷

靈怪集一卷

燈下閑談二卷

續野人閑話三卷

吳越會粹一卷

並不知作者。

闞史一卷參寥子述。

佛孝經一卷舊題名鶚，不知姓。

陳善捫虱新話八卷

吳曾〔七〕能改齋漫錄十三卷

盧氏逸史一卷

劉氏耳目記二卷

調露子角力記一卷

沈氏驚聽錄一卷

並不知名。

漢武帝洞冥記四卷東漢郭憲編。

史虛白釣磯立談記一卷

陳致雍晉安海物異名記三卷

綦師系元道孝經一卷

文谷備忘小鈔二卷

杜光庭虬鬚客傳一卷

僧庭藻續北齊還寃志一卷

高擇羣居解頤三卷

王仁裕玉堂閑話三卷
石文德唐新纂三卷
劉曦度鑑誡錄三卷
潘遺〔九〕紀聞談一卷
皮光業妖怪錄五卷
逢行珪鬻子注一卷
李諷譔林五卷
鄭餘慶談綺一卷
續同歸說三卷
王定保摭言十五卷
李綽一作「綽」尙書故實一作「事」一卷
柳祥瀟湘錄十卷
陸希聲頤山錄一卷
柳珵家學要錄二卷
路子解一作「錄」一卷

何光遠鑑誡錄三卷
又廣政雜錄三卷
蒲仁裕蜀廣政雜記一作「紀」十五卷
楊士達儆戒錄五卷
王仁裕見聞錄三卷
又唐末見聞錄八卷
韋絢佐談十卷
周文玘開顏集二卷
皮光業皮氏見聞錄十三卷
啓顏錄六卷
三餘外志三卷
楊九齡三感志三卷
段成式錦里新聞三卷
牛肅紀聞十卷崔造注。
周隨南溪子三卷

盧光啓初舉子三卷

玉泉筆論五卷

李遇之淺疑論三卷

金利用玉溪編事三卷

玉川子嘯旨一卷

章程四卷

孫棨北里志一卷

同歸小說三卷

胡節還醉鄉小略一卷

楊魯龜令圃芝蘭集一卷

唐說纂四卷

司馬光遊山行記十二卷

趙瞻西山別錄一卷

唐恪古今廣說一百二十卷

張舜民南遷錄一卷

高彥休闕史三卷

林思一作「黃仁望」史遺一卷

黃仁望續遺五卷

興國拾遺二十卷

姚崇六誡一卷

李大夫誡女書一卷

海鵬忠經一卷

正順孝經一卷

曹希達孝感義聞錄三卷

東方朔感應經三卷

王轂一作「穀」報應錄三卷

夏大珏一作「侯大珏」奇應錄五卷

狐剛子靈圖感應歌一卷

周子良冥通記四卷

牛僧孺玄怪錄十卷

李復言搜古異錄十卷
焦璐搜神錄三卷
麻安石祥異集驗二卷
陳邵一作「召」通幽記三卷
吳淑異僧記一卷
杜光庭錄異記十卷
李玫〔九〕一作「政」纂異記一卷
元眞子神異書三卷
裴鉶傳奇三卷
傳載一卷
曹大雅靈異圖一卷
裴約言靈異志五卷
曾寓鬼神傳二卷
曹衍湖湘神仙顯異三卷
靈怪實錄三卷

秦再思洛中紀異十卷
秉一作「乘」異三卷
貫怪圖二卷
鍾輅感定錄一卷
馮鑑廣前定錄七卷
趙自勤定命錄二卷
温畬〔一〇〕續定命錄一卷
陳翰一作「翶」卓異記一卷
樂史續廣卓異記三卷
小名錄三卷
陸龜蒙古今小名錄五卷
名賢姓字相同錄一卷
三教論一卷
周明辨五經評判六卷
虞荔古今鼎錄一卷

欹器圖一卷
史道碩畫八駿圖一卷
異魚圖五卷
沈如筠異物志二卷
通微子十物志一卷
釋贊寧物類相感志五卷
丘光庭海潮論一卷
海潮記一卷
張宗誨花木錄七卷
僧仲休花品一卷
蔡襄荔枝譜一卷
同塵先生庭萱譜一卷
竇常正元飲略三卷
皇甫松醉鄉日月三卷
尹建峯令海珠璣三卷

何自然笑林三卷
路氏笑林三卷
南陽德長戲語集說一卷
集補江總白猿傳一卷
蘇鶚杜陽雜編二卷
薛用弱集異記一卷
國老閑談二卷題君玉撰，不知姓。
大隱居士詩話一卷不知姓名。
釋常談三卷
王洙談錄一卷
並不知作者。
曾季貍艇齋詩話一卷
譚世卿廣說二卷
嘯旨、集異記、博異志一卷谷神子纂，不知姓。
費衮梁谿漫志一卷

何谿汶竹莊書話二十七卷
晁氏談助一卷不知名。
幽明雜警三卷題退夫興仲之所纂，不著姓。
張氏儆誡會最一卷
唯室先生步里客談一卷
沈括筆談二十五卷
又清夜錄一卷
王銍續清夜錄一卷
郭彖睽車志一卷
洪邁隨筆五集七十四卷
又夷堅志六十卷甲、乙、丙志。
夷堅志八十卷丁、戊、己、庚志。
胡仔漁隱叢話前後集四十卷
姚迴隨因紀述一卷
王煥北山紀事〔三〕十二卷

何晦摭言十五卷
又廣摭言十五卷
僧贊寧傳載八卷
徐鉉稽神錄十卷
蘇轍龍川志六卷
蘇軾東坡詩話一卷
楊囦道四六餘話二卷
謝伋四六談麈二卷
葉凱南宮詩話一卷
葉夢得石林避暑錄二卷
馬永卿嬾眞子五卷
趙槩見聞錄二卷
王同敍事一卷
劉斧翰府名談二十五卷
又摭遺二十卷

青瑣高議十八卷
僧文瑩湘山野錄三卷
又玉壺清話十卷
李端彥賢已集三十二卷
王陶談淵一卷
錢明逸衣冠盛事一卷
句穎坐右書一卷
曾鞏雜職〔一二〕一卷
張師正怪集五卷
又倦遊雜錄十二卷
括異志十卷
畢仲詢幕府燕閑錄十卷
劉攽三異記一卷
岑象求吉凶影響錄八卷
龐元英南齋雜錄一卷

孔平仲釋稗一卷
又續世說十二卷
孔氏雜說一卷
魏泰訂誤集二卷
又東軒筆錄十五卷
陳正敏劍溪野話三卷
又遯齋閑覽十四卷
李廌師友談記十卷
王山筆奩錄七卷
董逌錢譜十卷
王闢之澠水燕談十卷
宋肇筆錄三卷次其祖庠遺語〔一三〕。
李孝友歷代錢譜十卷〔一四〕
劉延世談圃三卷
成材朝野雜編一卷

張舜民畫墁錄一卷

陳師道談叢究理一卷

後山詩話一卷

李獻民雲齋新說十卷

和平談選士一卷

章炳文搜神秘覽三卷

王得臣麈史三卷

令狐皥如歷代神異感應錄二卷

王讜唐語林十一卷

黃朝英靑箱雜記十卷〔一五〕

李注李冰治水記一卷

王鞏甲申雜記一卷

又聞見近錄一卷

朱無惑萍洲可談三卷

僧惠洪冷齋夜話十三卷

汪藻世說敍錄三卷

洪皓松漠紀聞二卷

方勻泊宅編十卷

婁伯高好還集十卷

何侑歎息一卷

周煇淸波別志二卷

孫宗鑑東皐雜記十卷

洪炎侍兒小名錄一卷

陸游山陰詩話一卷

秦再思洛中記異十卷

姚寬西溪叢話二卷

耿煥牧豎閑談三卷

又野人閑話五卷

陳纂葆光錄三卷

孫光憲北夢瑣言十二卷

潘若沖郡閣雅言二卷
王舉雅言系述十卷
吳淑秘閣閑談〔一六〕五卷
又江淮異人錄三卷
李昉太平廣記五百卷
陶岳貨泉錄一卷
張齊賢太平雜編二卷
賈黃中談錄一卷張洎撰。
錢易洞微志三卷
又滑稽集一卷
南部新書十卷
陳彭年志異十卷
祖士衡西齋話記一卷
樂史廣卓異記二十卷
張君房潮說三卷
又乘異記三卷
科名分定錄七卷
搢紳脞說二十卷
王績補妒記〔一七〕八卷
李畋該聞錄十卷
蘇耆閑談錄二卷
黃休復〔一八〕茅亭客話十卷
歐靖宴閑談柄一卷
上官融友會談叢三卷
王子融百一紀一卷
梁嗣眞荆山雜編四卷
邵思野說三卷
勾台符岷山異事三卷
聶田俱異志〔一九〕十卷
盧臧范陽家志一卷

丘濬洛陽貴尙錄十卷
宋庠楊億談苑十五卷
湯巖起詩海遺珠一卷
趙辟公雜說一卷
江休復嘉祐雜志三卷
窮神記十卷
延賓佳話四卷
林下笑談一卷
世說新語一卷
翰苑名談三十卷
說異集二卷
墨客揮犀二十卷
北窗記異一卷
道山新聞一卷
紺珠集十三卷
儆告一卷
垂虹詩話一卷
並不知作者。

右小說類三百五十九部，一千八百六十六卷。

甘、石、巫咸氏星經一卷
石氏星簿讚曆一卷
張衡大象賦一卷
苗爲注張華小象賦一卷
乾象錄一卷
抱眞子上象握鑑歌三卷
呂晚成上象鑑三卷
大象玄文二卷

垂象志二卷
閭丘業大象玄機歌一卷本三卷，殘闕。
天象圖一卷
大象曆一卷
入象度一卷
乾象秘訣一卷
祖暅天文錄三十卷
天文總論十二卷
天文廣要三十五卷
立成天文三卷
符天經一卷
曹士爲〔一〇〕符天經疏一卷
符天通眞立成法二卷
天文秘訣二卷
天文經三卷

天文錄經要訣一卷鈔祖暅書。
後魏天文志四卷
王安禮天文書十六卷
二儀賦一卷
李淳風乾坤秘奧七卷
太陽太陰賦二卷
日月氣象圖五卷
上象二十八宿纂要訣一卷
太白會運逆兆通代記圖一卷
日行黃道圖一卷
月行九道圖一卷
雲氣圖一卷
渾天方志圖一卷
九州格子圖一卷
張商英三才定位圖一卷

大象列星圖三卷
大象星經一卷
乾文星經二卷
劉表星經一卷
又星經三卷
上象占要略一卷
天文占三卷
天象占一卷
乾象秘占一卷
占北斗一卷
張華三家星歌一卷
又玉函寶鑑星辰圖一卷
渾天列宿應見經十二卷
衆星配位天隔圖一卷
文殊星曆二卷

上象星文幽棲賦一卷
唐昧秤星經三卷
星說繫記一作「紀」一卷
混天星圖一卷
陶隱居天文星經五卷
徐承嗣星書要略六卷
星經手集二卷
天文星經五卷
皇祐星經一卷
五星交會圖一卷
徐昇長慶算五星所在宿度圖一卷
七曜雌雄圖一卷
文殊七曜經一卷
七曜會聚一作「曆」一卷
符天九星算法一卷

李世勣二十八宿纂要訣一卷

又日月運行要訣一卷

僧一行二十八宿祕經要訣一卷

宋均妖瑞星圖一卷

妖瑞星雜氣象一卷

桑道茂大方廣一作「大廣方」經神圖曆一卷

仰覆玄黃圖十二分野躔次一卷

仰觀十二次圖一卷

宿曜度分域名錄〔三〕一卷

華夏諸國城名曆一卷

渾儀一卷

渾儀法要十一卷

渾天中影表圖一卷

歐陽發渾儀十二卷

又刻漏五卷

晷影法要一卷

豐稷渾儀浮漏景表銘詞四卷

蘇頌渾天儀象銘一卷

韓顯符天文明鑑占十卷

瞿曇悉達開元占經四卷

二十八宿分野五星巡應占一卷

推占龍母探珠詩一卷

古今通占三十卷

握掌占十卷

荊州占三卷

蕃占星書要略五卷

占風九天玄女經一卷

雲氣測賦候一卷

占候雲雨賦一卷

驗天大明曆一卷

符天五德定分曆三卷
王洪暉日月五星彗孛凌犯應驗圖三十卷
上象應驗錄一十卷
郭穎夫一作「士」符天大術休咎訣一卷
五星休咎賦一卷
張渭符天災福新術五卷
天文日月星辰變現災祥圖一卷
仁宗寶元天人祥異書十卷
徐彥卿徵應集三卷
玄象應驗錄二十卷
祥瑞圖一卷
都利聿斯經一卷
聿斯四門經一卷
聿斯歌一卷
樞要經一卷

青霄玉鑑二卷
碧霄金鑑三卷
碧落經十卷
蔣權卿應輪心鑑五卷
崔寓神象氣運圖十卷
紫庭祕訣一卷
玄緯經二卷
辨負一作「眞」經二卷
大霄論壓第五一卷
氣象圖一卷
乙巳略例十五卷
唐書距子經一卷
陶弘景象曆一卷
括星詩一卷
玄象隔子圖一卷

鏡圖三卷

天文圖一卷

三元經傳一卷

大衍明疑論十五卷

交食論一卷

並不知作者。

王希明丹元子步天歌一卷

楊惟德乾象新書三十卷

新儀象法要一卷

張宋臣列宿圖一卷

張宏圖天文志訛辨一卷

阮泰發水運渾天機要一卷

鄒淮考異天文書一卷

右天文類一百三十九部，五百三十一卷。

郭璞三命通照神白經三卷

陶弘景五行運氣一卷

青子錄班氏經一卷不知名。

李淳風五行元統一卷

王希明太一金鏡式經十卷

僧一行遁甲通明無惑十八鈐局一卷

元兢祿命厄會經一卷

楊龍光祿命厄運歌一卷

李吉甫三命行年韜鈐祕密二卷

李虛中命書格局二卷

珞琭子賦一卷不知姓名，宋李企注。

許季山易訣一卷

周易八帖四卷
周易髓要雜訣一卷
周易天門子訣二卷
周易三略經三卷
易林三卷
諸家易林一卷
易新林一卷
易傍通手鑑八卷
易玄圖一卷
周易菥蓂訣一卷
易頌卦一卷
大淸易經訣一卷
周易通眞三卷
周易子夏占一卷
周易口訣開題一卷
周易飛燕轉關林一卷
周易括世應頌一卷
周易鬼靈經一卷
周易三空訣一卷
周易三十六占六卷
周易爻詠八卷
周易鬼鎭林一卷
周易金鑑歌一卷
周易聯珠論一卷
周卦轆轤關一卷
易轆轤圖頌一卷
易大象歌一卷
周易卜卦一卷
又玄理歌一卷
地理觀風水歌二卷

陰陽相山要略二卷

郭璞周易玄義經一卷

周易察微經一卷

周易鬼御算一卷

周易逆刺一卷

易鑑三卷

黄子一作「景」玄易頌一卷

王守一周易探玄九卷本十卷。

易訣雜頌一卷

易杜祕林一作「林祕」一卷

易大象林一卷

李鼎祚易髓三卷　目一卷

瓶子記三卷

成玄英易流演五卷

虞翻注京房周易律曆一卷

陶隱居易髓三卷

王鄯周易通神歌一卷

張胥周易繚繞詞一卷

靈隱子周易河圖術一卷

焦氏周易玉鑑頌一卷

周易三備雜機要一卷

周易經類一卷

法易一作「易法」一卷

周易竅書一卷

周易靈眞述一卷

周易靈眞訣一卷

易卦林一卷

周易飛伏例一卷

周易火竅一卷

周易備要一卷

周易六神頌一卷
天門子易髓一卷
管公明隔山照一卷
文王版詞一卷
王巖金箱要錄一卷
朱昇稽疑二卷
罔象玄珠五卷
六證括天地經一卷
黃帝天輔經一卷
孫臏卜法一卷
劉表荆州占二卷
海中占十卷
武密古今通占鑑三十卷
李淳風乙巳占十卷
又雜占一卷

帝王氣象占一卷
氣象占一卷
西天占書一卷
白澤圖一卷
周遁三元纂例一卷
陰陽遁八一作「入」局立成法一卷
陰陽二遁萬一訣四卷
遁甲要用歌式二卷
陽遁天元局法一卷
陰陽遁甲經三卷
陰陽遁甲立成一卷
天一遁甲兵機要訣二卷
三元遁甲經一卷
遁甲符應經三卷
太一玄鑑十卷

太一新鑑三卷
樞會賦一卷
九宮口訣三卷
玉帳經一卷
乾坤祕一作「要」七卷
蓬瀛經三卷
濟家備急廣要錄一卷
三元經一卷
二宅賦一卷
行年起造九星圖一卷
宅心鑑式一卷
相宅經一卷
宅體一作「髓」經一卷
九星修造吉凶歌一卷
陰陽二宅歌一卷

二宅相占一卷
太白會運纖記一卷
九天祕記一作「訣」一卷
詳思記一卷
玄女金石玄悟術三卷
西王母玉訣一卷
通玄玉鑑頌一作「領」二卷
封演元正一作「正元」占書一卷
周輔占經要訣二卷
蓍占要略五卷
天機立馬占一卷
統占二卷
六甲五行雜占機要二卷
乙巳指占圖經三卷
人倫寶鑑卜法一卷

杜靈賁卜法一卷

占候應驗二卷

晷菥算經法三卷

易晷限算一卷

晷限立成一卷

費直焦貢晷限曆一卷

韋偉人元晷限經三卷

銘五卷

軌革祕寶一卷

軌革指迷照膽訣一卷

軌革照膽訣一卷

史蘇五兆龜經一卷

又龜眼玉鈐論三卷

五兆金車口訣一卷

五兆祕訣三卷

五行日見五兆法三卷

五兆穴門術三卷

靈碁經一卷

龜繚繞訣一卷

聶承休龜經雜例要訣一卷

玄女玉函龜經三卷

古龜經二卷

神龜卜經二卷

劉玄龜髓經論一卷

毛寶定龜竅一卷

龜甲曆一卷

龜兆口訣五卷

龜經要略二卷

龜髓訣二卷

春秋龜策經一卷

黃石公備氣三元經二卷
玄女五兆筮經五卷
李進注靈棊經一卷
金石經三卷
靈骨經一卷
螺卜法一卷
大道通靈肉臑論一卷
鼓角證應傳一卷
郯子占鳥經二卷
占鳥法圖一卷
袁天綱一作「孫思邈」九天玄女墜金法一卷
怪書一卷
響應經一卷
玄女三廉射覆經一卷
通明玉帳法一卷

遁甲步小遊太一諸將立成圖二卷
相書七卷
相氣色詩一卷
要訣三卷
玄明經一卷
閻丘純射覆經一卷
東方朔射覆經三卷
又占神光耳目法一卷
相枕經一卷
馬經三卷
相馬經三卷
盧重玄夢書四卷
柳璨夢雋一卷
周公解夢書三卷
王升縮或無「縮」字占夢書十卷

陳襄校定夢書四卷

又校定相笏經一卷

校定京房婚書三卷

李靖候氣祕法三卷

又六十甲子占風雨一卷

五音法一卷

陰陽律體一作「髓」一卷

靈關訣益智二卷

袖中金五卷

玄女常手經二卷

神訣一卷

遊都璧玉經一卷

龎安石災祥圖一卷

風角鳥情三卷

日月風雲氣候一卷

日月暈貫氣一卷

日月暈蝕一卷

氣色經一卷

諸葛亮十二時風雲氣候一卷

五行雲霧歌一卷

占風雨雷電一卷

年代風雲一作「雨」占一卷

竇維鋈廣古今五行記三十卷

周麟竹倫經三卷

馮思古遁甲六經卷亡。

丘延翰金鏡圖一卷

通眞子玉霄寶鑑經一卷

三命指掌訣一卷

文靖通玄五命新括〔三〕三卷

董子平太陰三命祕訣一卷

楊繪元運元氣本論一卷

何朝命術一卷

李燕三命九中歌〔三〕一卷

徐鑒三命機要說一卷

林開五命祕訣五卷

僧善嵩訣金書一十四字要訣一卷

凝神子一卷不知姓名。

凝神子八殺經一卷

凝神子解悟經一卷

西城野人參五志二卷

八九變通一卷

白雲愚叟五行圖一卷

知玄子秦逸太一占玄歌一卷

劉烜元中祛惑經一卷

占雨晴法一卷

金鑑占風訣一卷

三元飛化九宮法一卷

行年五鬼運轉九宮法一卷

山岡機要賦一卷

山岡氣象雜占賦一卷

五音地理詩三卷

五音地理經訣十卷

陰陽葬經三卷

掘機口訣一卷

掘鑑經一作「握鑑經」五卷

洞幽識祕要圖三卷

靈寶六丁通神訣三卷

通天靈應寶勝法二卷

黃石記五卷

劉啓明雲氣測候賦一卷

定風占詩三卷
風角五音占一卷
日月暈圖經二卷
占候雲雨賦一卷
風雲關鑰祕訣一卷
雲氣形象玄占三卷
天地照耀占一卷
李經表虹蜺災祥一卷
宿曜錄鬼鑑一卷
日月城砦氣象災祥圖一卷
中樞祕頌太一明鑑五卷
太一五元新曆一卷
太一七術一卷
太一陰陽定計主客決勝法一卷
太一循環曆一卷

太一會運逆順通代記陣圖一卷
六壬軍帳賦一卷
六壬詩一卷
六壬六十四卦名一卷
六壬戰勝歌一卷
六壬出軍立就曆三卷
六壬玉帳經一卷
王承昭一作「紹」占風雲歌一卷
占風雲氣候日月星辰圖七卷
望江南風角集二卷
張良陰陽二遁一卷
胡萬頃太一遁甲萬勝時定主客立成訣一卷
一行遁甲十八局一卷
司馬驤遁甲符寶萬歲經圖曆〔三四〕一卷
馮繼明遁甲元樞二卷

玄女遁甲祕訣一卷
天一遁甲圖一卷
天一遁甲鈐曆一卷
天一遁甲陰局鈐圖一卷
遁甲搜元經一卷
遁甲陽局鈐一卷
遁甲陰局鈐一卷
杜惟翰一作「幹」太一集八卷
太一年表一卷
十三神太一一卷
御序景祐三式太一福應集要十卷
王處訥太一青虎甲寅經一卷
康洙序時遊太一立成一卷
廣夷太一祕歌一卷
太一細行草一卷

太一雜集筆草〔三〕一卷
太一時計鈐一卷
太一陽九百六經一卷
太一神樞長曆一卷
太一陽局鈐一卷
太一陰局鈐一卷
九宮太一一卷
樂產王佐祕珠五卷
神樞靈轄經十卷
馬先天寶靈應式經一作「紀」一作「記」五卷
日遊太一五子元出軍勝負七十二局一卷
黃帝龍首經一卷
九宮經三卷
九宮圖一卷
九宮占事經一卷

桑道茂九宮一卷

又三命吉凶二卷

撮要日鑑一卷

六十四卦歌一卷

郗良玉三元九宮一卷

九宮應瑞太一圖一卷

楊龍光九宮要訣一卷

又九宮詩一卷

九宮推事式經一卷

祿命歌一卷

祿命經一卷

風后三命三卷

朱琬六壬寸珠集一卷

六壬錄六卷

五眞降符六壬神武經一卷

六壬關例集三卷

六壬維干照幽曆六卷

張氏六壬用三十六禽祕訣三卷

大六壬式局雜占一卷

六壬玄機歌三卷

六壬七曜氣神星禽經一作「紀」一卷

馬雄絳囊經一卷

金匱經三卷

髓經心經鑑三卷

徐琬啓蒙纂要一卷

李筌玉帳歌十卷

祕寶翠羽歌三卷

明鑑連珠歌一卷

清華經三卷

推人鈎元法一卷

由吾裕式心經略三卷

式合書成一卷

用式法一卷

式經纂要三卷

玄女式鑑一卷

三式訣三卷

天關五符式一卷

三式參合立就曆三卷

金照式經十卷

雷公式局一卷

靈應式五卷

小遊宿曆一卷

三元六紀曆一卷

玉鈐曆一卷

明鑑起例曆三卷

枝元長曆一卷

日輪曆一卷

五音百忌曆二卷

葬疏三卷

孫洪禮萬歲循環曆一卷

僧德濟勝金曆一卷

畢天水曆一卷

畢天六甲曆六卷

選日樞要曆四卷

姸神曆一卷

擇十二月鉗曆二卷

七門行曆一卷

大要曆三卷

三皇祕要曆一卷

選課歲曆一卷

大明曆二卷
杜崇龜明時總要曆一卷
陳恭釗天寶曆注例二卷
唐七聖曆一卷
橫推曆一卷
兵鈐月鏡纂要立成曆一卷
李淳風十二宮入式歌一卷
僧居白五行指掌訣二卷
逍遙子鮮鶚經三卷不知姓名。
三命總要三卷
太一中天密旨三卷
西天都例經一卷
三元經三卷
淘金歌〔三六〕一卷
三元龜鑑一卷

五命一卷
五音鳳髓經一卷
大衍五行數法一卷
三局天關論一卷
六十甲子釋名一卷
金掌圖竅一卷
三局九格六陽三命大數法
奇門萬一訣
遁甲萬一訣
太一遁甲萬一訣
已上四部無卷。
陰陽萬一訣一卷
金樞八象統元經三卷
太一陰陽二遁一卷
陰陽二遁局圖一卷

陰陽二遁立成曆一卷
遁甲玉女返閉局一卷
太一金鏡備式錄十卷
太一立成圖一卷
太一飛鳥十精曆一卷
僧重輝一作「耀」正德通神曆三卷
大會殺曆卷
史序乾坤寶典四百五十五卷
乾坤總錄五卷
黃淳通乾論〔三七〕五卷
黃帝朔書一卷託太公、師曠、東方朔撰。
年鑑一卷
劉玄一作「先」之月令圖一卷
陰陽寶錄〔三八〕一卷
西天陰符紫微七政經論一卷
五符圖一卷
選日陰陽月鑑一卷
李遂通玄三命論三卷
李燕三命一卷
又三命詩一卷
三命九中歌一卷
珞琭子三命消息賦一卷
凝神子五行三命手鑑一卷
三命大行年入局韜鈐三卷
大行年推祿命法一卷
三命殺曆一卷
孟遇三命訣三卷
祿命人元經三卷
祿訣經三卷
五行貴盛生月法一卷

五行消息訣一卷
蕭古一作「吉」五行大義五卷
金書四字五行一卷
四季觀五行論一卷
珞琭子五行家國通用圖錄一卷
訓字五行歌二卷
珞琭子五行疏十卷
樵子五行志五卷
羅賓老五行定分經三卷
濮陽夏樵子五行志〔二九〕五卷
竇塗廣古今陽復五行記三十卷
五行通用曆一卷
金河流水訣一卷
王叔政推太歲行年吉凶厄一卷
李燕穆護詞一卷一作馬融消息機口訣。

洪範碎金訓字一卷
七曜氣神星禽經三卷
納禽宿經一卷
廖惟馨星禽曆一卷
杜百一作「相伯」子禽法一卷
司馬先生三十六禽歌一卷
占課禽宿情性訣一卷
蘇登神光經一卷
許負形神心鑑圖一卷
始一作「姑」布子卿相法一作「書」一卷
朱述相氣色面圖一卷
玄靈子祕術骨法圖一卷
相祿歌二卷
察色相書一卷
人鑑書七卷

龜照口訣五卷

人倫眞訣十卷

女仙相書三卷

相氣色圖五卷

雲蘿通眞神相一作「明」訣十卷

柳淸風相歌二卷

郭峴述顯光師相法一卷

十七家集衆相書一卷

占氣色要訣圖一卷

柳陰一作「隨」風占氣色歌一卷

形神論氣色經一卷

元解訣一卷

相書二卷

月波洞中龜鑑一卷

應玄玉鑑一卷

六神相字法一卷

相笏經三卷

陳混掌相笏經一卷管輅、李淳風法。

蕭繹相馬經一卷

常知非馬經三卷

谷神一作「鬼谷」子辨養馬一作「養良馬」論一卷

相馬病經三卷

相犬經一卷

王立豹鷹鶻候訣一卷

鷹鶻五藏病源方論一卷

堪輿經一卷

太史堪輿一卷

商紹〔三〕太史堪輿曆一卷

黃帝四序堪輿經一卷

占婚書一卷

周公壇經三卷

王佐明集壇經一卷

李遠龍紀聖異曆一卷

五音三元宅經三卷

陰陽宅經一卷

陰陽宅經圖一卷

王澄二宅心鑑三卷

又二宅歌一卷

陰陽二宅圖經一卷

黃帝八宅經一卷

淮南王見機八宅經一卷

一行庫樓經一卷

上象陰陽星圖一卷

金圖地鑑一卷

地鑑書三卷

孫季邕〔三〕葬範五卷

地里六壬六甲八山經八卷

地理三寶經九卷

五音山岡訣一卷

地論經五卷

地理正經十卷

朱仙桃地理贊一卷

又玄堂範一卷

地理口訣一卷

僧一行地理經十二卷

又靈轄歌三卷

玉關歌一卷

含意歌七卷

通玄靈應頌三卷

天一通玄機微翼圖一卷

天一玄成局一卷

玄樞經一卷

玄樞纂要一卷

知人祕訣二卷

玄中祛惑經三卷

遁甲鈐一卷

八門遁甲入式歌一卷

三元陰局一卷

難逃論一卷

靈臺篇一卷

藻鑑了義經一卷

蔀首經三卷

玄象祕錄一卷

眞象論一卷

淸霄玉鏡要訣一卷

二十八宿行度口訣一卷

星禽課一卷

羣書古鑑錄無卷

並不知作者。

仁宗洪範政鑑十二卷

楊惟德王立太一福應集要一卷〔三二〕

楊惟德景祐遁甲符應經三卷

七曜神氣經二卷楊惟德、王立、李自正、何湛等撰〔三三〕。

丘濬霸國環周立成曆一卷

張中太一金照辨誤歸正論一卷

魏申太一總鑑一百卷

上官經邦大始元靈洞徵數一卷

張宏國五行志訛辨一卷

黃石公地鏡訣一卷一名照寶曆，題東方朔進。

庾肩吾金英玉髓經一卷
陶弘景握鏡圖一卷
陳樂產神樞靈轄經十卷
李靖九天玄機八神課一卷
六壬透天關法一卷
李鼎祚明鏡連珠十卷
呂才廣濟百忌曆二卷
李淳風乾坤祕奧一卷
九天觀燈法一卷
六壬精髓經一卷一名竅甲經。
賀龜論一卷李淳風得於石室。
僧一行肘後術一卷
選日聽龍經一卷
僧令岑六壬翠羽歌三卷
漢道士姚可久山陰道士經三卷

碧眼先生壬髓經三卷茅山野叟湯渭注。
發蒙陖西集一卷
發蒙入式眞草一卷
陰陽集正曆三卷
選日纂聖精要一卷
玄女關格經一卷
皆六壬占驗之訣。
式法一卷起甲子，終癸亥，皆六壬推驗之法。
雜占覆射一卷
六壬金經玉鑑一卷載六壬生旺剋殺之數。
萬年祕訣一卷載檢擇日辰吉凶之法。
玉女肘後術〔訣〕一卷以六壬三傳之法爲歌。
玉關歌一卷載六壬三傳之驗。
黃河餅子記一卷
神樞萬一祕要經一卷

越覆經一卷

事神歌一卷

會靈經一卷載六壬雜占之法。

纈翠經一卷

灰火經一卷

蛇髓經一卷以日辰衰旺爲占。

九門經一卷

小廣濟立成雜曆一卷

文武百官赴任上官壇經一卷

玄通玉鏡占一卷

六壬課祕訣一卷

六壬課鈐一卷

玉樞眞人玄女截壬課訣一卷

占燈法一卷

三鏡篇一卷

周易神煞旁通曆一卷

雜占祕要一卷

乾坤變異錄一卷

玄女簡要清華經三卷

太一占鳥法一卷

參玄通正曆一卷

擇日要法一卷

選時圖二卷

黃帝龍首經一卷

易鑑一卷

月纂一卷

萬勝候天集一卷

並不知作者。

雲雨賦一卷崇文總目有劉啓明占候雲賦式，即此書也。

鄭德源飛電歌一卷
僧紹端神釋應夢書三卷
詹省遠夢應錄一卷
楊惟德六壬神定經十卷
王升六壬補闕新書五卷
上官撮要一卷
陳從吉類編圖注萬曆會同三十卷
劉氏三曆會同一卷
周渭彈冠必用一卷
胡舜申陰陽備用十三卷
趙希道涓吉撮要一卷
顧晄壇經簪飾一卷
蔣文舉陰陽備要一卷
趙景先拜命曆一卷
徐道符六壬歌三卷
陸漸六壬了了歌一卷
余琇六壬玄鑑一卷
王齊醫門玉髓課一卷
張玄達相押字法一卷
苗公達六壬密旨二卷
楊稠六壬旁通曆一卷
劉玄之月令節候圖一卷
姜岳六壬賦三卷
楊可五行用式事神一卷
郭璞山海經十八卷
趙浮丘公相鶴經一卷
左慈助相規誡一卷
郭璞葬書一卷
山海圖經十卷郭璞序，不著姓名。
袁天剛玄成子一卷

孫思邈坐照論并五行法一卷
柳清風、周世明等玉册寶文八卷
李淳風立觀經〔三〕一卷
僧一行地理經十五卷
呼龍經一卷
金歌四季氣色訣一行撰論。
孫知古人倫龜鑑三卷
王澄陰陽二宅集要二卷
僧正固骨法明鏡三卷
丘延翰銅函記一卷
天定盤古局一卷
漢赤松子海角經一卷
明鏡碎金七卷
唐擧肉眼通神論三卷
金鏁歌一卷

鬼谷子觀氣色出圖相一卷
黃石公八宅二卷
許負相訣三卷
李淳風一行禪師葬律祕密經十卷
呂才楊烏子改墳枯骨經一卷
曾楊一青囊經歌二卷
楊救貧正龍子經一卷
曾文展八分歌一卷
李筌金華經三卷
宋齊丘玉管照神局二卷
天花經三卷序云：「黃巢得於長安。」
晏氏辨氣色上面詩一卷不知名。
劉虛白三輔學堂正訣一卷
危延眞相法一卷
五星六曜面部訣一卷

裴仲卿玄珠囊骨法一卷

劉度具氣色眞相法一卷

王希逸地理祕妙歌訣一卷

地理名山異形歌一卷

孫臏葬白骨曆卷亡。

隱逸人玉環經一卷不知姓名。

天涯海角經一卷不知作者，九江李麟注解。

徽宗太平睿覽圖一卷

陳摶人倫風鑑一卷

司空班、范越鳳尋龍入式歌一卷

王洙地理新書三十卷

蘇粹明地理指南三卷

蔡望五家通天局一卷

報應九星妙術文局一卷

劉次莊青囊本旨論二十八篇一卷

胡翊地理詠要〔三六〕三卷

魏文卿撥沙經一卷

李誠〔三七〕營造法式三十四卷

月波洞中記一卷

月師歌一首言葬地二十四位星辰休咎。

麻子經一卷

玄靈子三卷

通心經三卷

藻鑑淵微一卷

雜相骨聽聲卷亡。

氣色微應三卷

通微妙訣卷亡。

中定聲氣骨法卷亡。

金歌氣色祕錄一卷

學堂氣骨心鏡訣卷亡。

玉葉歌一卷
洞靈經要訣一卷
雜相法一卷
天寶星經一卷
青囊經卷亡。
陰陽七元升降論卷亡。
玄女墓龍冢山年月一卷
玄女星羅寶圖訣一卷
紫微經歌卷亡。
白鶴望山經一卷
八山二十四龍經一卷
天仙八卦眞妙訣一卷
黃泉敗水吉凶法三卷
踏地賦一卷
分龍眞殺五音吉凶進退法一卷

地理澄心祕訣一卷
八山穿珠歌一卷
山頭步水經一卷
山頭放水經一卷
大卦煞人男女法一卷
地理搜破穴訣一卷
臨山寶鏡斷風訣一卷
叢金訣一卷
錦囊經一卷
玉髓經一卷
黃囊大卦訣一卷
地理祕要集一卷
通玄論一卷
地理八卦圖一卷
駐馬經一卷

活曜修造吉凶法一卷
天中寶經知吉凶星位法一卷
修造九星法歷代史相一卷
相具經〔三七〕一卷
並不知作者。
李仙師五音地理訣一卷
赤松子碎金地理經二卷
地理珠玉經一卷
地理妙訣三卷
石函經十卷
銅函經三卷
周易八龍山水論地理一卷
老子地鑑訣祕術一卷
五姓合諸家風水地理一卷
昭幽記一卷

鬼靈經并枯骨經二卷
唐刪定陰陽葬經二卷
唐書地理經十卷
青烏子歌訣二卷
金鷄曆一卷
五音二十八將圖一卷
赤松子三卷
易括地林一卷
丘延翰五家通天局一卷
夫子掘斗記一卷
孔子金鑾記一卷
推背圖一卷
鬼谷子白虎經一卷
又白虎五通經訣一卷
洞幽祕要圖一卷

孝經雌雄圖四卷
河上公金藏祕訣要略一卷
玄珠握鑑三卷
玉函寶鑑三卷
眞人水鑑十三卷
張華三鑑靈書三卷
陶弘景握鑑方三卷
證應集三卷
金婁先生祕訣三卷
眞圖祕訣一卷
銘軌五卷
胡濟川小遊七十二局立成一卷
大小遊三奇五福立成一卷
十一神旁通太歲甲子圖一卷
曹植黃帝寶藏經三卷

括明經一卷
悟迷經一卷
余考一作「秀」旦暮經一卷
神樞萬一祕經一卷
紀重政祕要一卷
雷公印法三卷
雷公撮殺律一卷
徐遂發蒙一卷
玄女十課一卷
呂佐周地論七曜一卷
陰術氣神一卷
七曜氣神歷代帝紀五卷
玉堂祕訣一卷
大運祕要心髓訣一卷
呂才陰陽書一卷

五姓鳳髓寶鑑論一卷
陰陽雜要一卷
玄珠錄要三卷
張良玄悟歌一卷
斗書一卷
陰陽二卷
論一卷
黄帝四序經一卷
寶臺七賢論一卷
五姓玉訣旁通一卷
選日時向背五卷
陰陽立成選日圖一卷
七曜選日一卷
周公要訣圖一卷
師曠擇日法一卷假黄帝問答。

淮南子術一卷
推貴甲子太極尊神經一卷
祕訣歌一卷
福應集十卷
連珠經十卷
玄女斷卦訣一卷
明體經一卷
心注䴵子記一卷
錦繡囊一卷
心鏡歌三卷
指要三卷
萬一訣一卷
符應三卷
隨軍樞要三卷
禳厭祕術詩三卷

廣知集二卷
圓象玄珠經五卷
脈六十四卦歌訣一卷
人元祕樞經三卷
陶隱居一卷
風后一卷
李寬一卷
通元論三卷
凝神子三卷
黃帝四序經一卷
聿斯四門經一卷
氣神經三卷
氣神帝紀五卷
符天人元經一卷

右五行類八百五十三部，二千四百二十卷。

聿斯經訣一卷
大定露膽訣一卷
聿斯都利經一卷
應輪心鏡三卷
秤經三卷
聿斯隱經三卷
碧落經十卷
新書三十卷
三鏡三卷
九天玄女訣一卷
龍母探珠頌一卷
通玄玉鑑頌一卷
徵應集三卷
王輿之鼎書十七卷

三墳易典三卷題箕子注。

周易三備三卷題孔子師徒所述，蓋依託也。

嚴遵卦法一卷

焦贛易林傳十六卷

京房易傳算法一卷

易傳三卷

管輅遇仙訣五音歌六卷

周易八仙歌三卷

易傳一卷

郭璞周易洞林一卷

呂才軌限周易通神寶照十五卷

李淳風周易玄悟三卷

易通子周易菥蓂璇璣軌革口訣三卷

蒲乾貫周易指迷照膽訣三卷

黃法五兆曉明龜經一卷

祿隱居士易英揲蓍圖一卷不知名。

中條山道士王鄯易鏡三卷

無惑先生易鏡正經二卷

耿格大演天心照一卷

牛思純太極寶局一卷

任奉古明用蓍求卦一卷

林儵天道大備五卷

軌革金庭玉鑑七卷

周易神鏡鬼谷林一卷

通玄海底眼一卷

六十四卦頌論一卷

爻象雜占一卷

六十四卦火珠林一卷

周易靈祕諸關歌一卷
證六十甲子納音五行一卷
龡骨林一卷
龜圖一卷
靈龜經一卷
周易讚頌六卷並不知作者。
軌革傳道錄一卷

右蓍龜類三十五部，一百卷。

校勘記

〔一〕顧烜　原作「顧協」，據隋書卷三三經籍志、崇文總目卷三改。

〔二〕辨疑志　原作「疑辨志」，據新唐書卷五九藝文志、崇文總目卷三改。

〔三〕柳宗元　「元」原作「源」，據書錄解題卷一一改。

〔四〕馮贄　原作「馬贄」，據書錄解題卷一一及賓退錄卷一改。

〔五〕胡璩　新唐書卷五九藝文志、崇文總目卷二都作「胡璩」。

〔六〕陳輸　新唐書卷五九藝文志、崇文總目卷三都作「陳翰」。

〔七〕吳曾　原作「吳會」。按：能改齋漫錄今存，與書錄解題卷一一均題臨川吳曾虎臣撰，據改。

〔八〕潘遺　按書錄解題卷一一紀聞談三卷，蜀潘遠撰，並說作「潘遺」爲誤。

〔九〕李玫　原作「李攻」，據新唐書卷五九藝文志、通志卷六五藝文略改。

〔一〇〕溫奢　新唐書卷五九藝文志、崇文總目卷三都作「溫畬」。

〔一一〕王煥　按書錄解題卷一一說，撰北山紀事的是戶部侍郎濡須王潍少愚，通考卷二一七經籍考從之。

〔一二〕曾鞏雜職　按遂初堂書目有「曾南豐雜志」，或即是書，疑「職」爲「識」字之誤。

〔一三〕宋其祖祥遺語　按通考卷二一四經籍考「宋景文筆錄」條，「中興藝文志，筆錄三卷，皇朝宋肇次其祖庠遺語，凡一百七十條。」疑此處「祥」字爲「庠」之訛。

〔一四〕李孝友　遂初堂書目、郡齋志卷一四都作「李孝美」。

〔一五〕黄朝英青箱雜記十卷　按郡齋志卷一三、書錄解題卷一一，青箱雜記十卷都題吳處厚撰，今存本同。黄朝英撰緗素雜記十卷，見郡齋志卷一三，此處「黄朝英」當爲「吳處厚」之誤。

〔一六〕秘閣閑談　「談」原作「觀」，據本書卷四四一本傳、祕書省續四庫書目改。

〔一七〕補妒記　原作「補姑記」。按：是書今存，書錄解題卷一一也有著錄，「姑」爲「妒」之訛，據改。

〔一八〕黄休復　原作「黄林復」。按：是書今存，書錄解題卷一一、郡齋志卷一三都作黄休復撰，據改。

〔一九〕俱異志　書錄解題卷一一、郡齋志卷一三都作「祖異志」。

〔二〇〕曹士爲　考異卷七三云：「士爲當是士蔿之譌。歷算類已有曹士蔿七曜符天曆二卷，七曜符天人元歷三卷，此必重出。」

〔一一〕宿曜度分域名錄　「域」原作「城」，據崇文總目卷四、通志卷六八藝文略改。

〔一二〕通玄五命新括　祕書省續四庫書目、通志卷六八藝文略均作「通玄五命新格」，疑「括」字誤。

〔一三〕李蒸三命九中歌　「李蒸」，祕書省續四庫書目及通志卷六八藝文略均作「李燕」。下文李燕三命九中歌一卷，疑係重出，「蒸」「燕」當有一訛。

〔一四〕遁甲符寶萬歲經圖曆　「圖」，新唐書卷五九藝文志、崇文總目卷四都作「國」。

〔一五〕太一雜集筆草　「筆」，崇文總目卷四、通志卷六八藝文略作「算」。

〔一六〕淘金歌　原作「淘命歌」，據四庫闕書目、書錄解題卷一一改。

〔一七〕黄淳通乾論　「黄淳」，新唐書卷五九藝文志作「董和」，注云：「和，本名純，避憲宗名改，善曆算，裴胄爲荆南節度使館之，著是書。」玉海卷三引國史補有「裴胄問董生」之語，疑「黄淳」爲「董純」之譌。

〔一八〕陰陽寶錄　崇文總目卷四、通志卷六八藝文略都作「陰陽實錄」。

〔一九〕濮陽夏樵子五行志　「夏」原作「復」，「樵」原作「蕉」。按：今本樵子五行志與新唐書卷五九藝文志、崇文總目卷四均題「濮陽夏撰」，據改。

〔二〇〕商紹　隋唐諸志及崇文總目卷四均作「殷紹」，此作「商紹」，乃避宋諱改。

〔三一〕孫季邕　原作「孫李邕」，據新唐書卷五九藝文志、崇文總目卷四改。

〔三二〕楊惟德王立太一福應集要一卷　「王立」原作「王立翰」。據玉海卷三所錄景祐三式太一福應集要御制序及景祐乾象新書御制序刪。

〔三三〕楊惟德王立李自正何湛等撰　「王立」原作「王立翰」，「正」原作「立」，「何湛」原作「河堪」。據玉海卷三引景祐三式太一福應集要御制序、景祐乾象新書御制序及錢曾讀書敏求記卷三引景祐遁甲符應經御制序刪改。

〔三四〕玉女肘後術　「術」原作「述」，據祕書省續四庫書目、通志卷六八藝文略改。

〔三五〕立觀經　祕書省續四庫書目及通志卷六八藝文略均作「玄觀經」，「立」疑爲「玄」之訛。

〔三六〕胡翊地理詠要　祕書省續四庫書目、通志卷六八藝文略均作「胡文翊地理脈要」。

〔三七〕李誠　「誠」原作「戒」，據程俱北山小集卷三李公墓志銘、書錄解題卷七、郡齋志卷七改。

〔三八〕相具經　新唐書卷五九藝文志、書錄解題卷一二都作「相貝經」。

宋史卷二百七

志第一百六十

藝文六

苗銳新删定廣聖曆二卷

僧一行開元大衍曆議十三卷

啓玄子天元玉册十卷

甄鸞五曹算術二卷

海島算術一卷

趙君卿周髀算經二卷

張丘建〔一〕算經三卷

夏侯陽算經三卷

王孝通緝古算經一卷

謝察微算經三卷

李籍九章算經音義一卷

又周髀算經音義一卷

李紹穀求一指蒙算術玄要一卷

郭獻之唐寶應五紀曆三卷

徐承嗣唐建中貞元曆三卷

邊岡〔二〕唐景福崇玄曆十三卷

大唐長曆一卷

馬重績〔三〕晉天福調元曆二十三卷

王處訥周廣順明元曆一卷

又建隆應天曆六卷

王朴周顯德欽天曆十五卷

蜀武成永昌曆三卷

唐保大齊政曆三卷

苗訓〔四〕太平乾元曆九卷

太平興國七年新修曆經三卷

史序儀天曆十六卷

曹士蔿七曜符天曆二卷

七曜符天人元曆三卷

楊緯一作「繹」符天曆一卷

王公佐中正曆三卷

正象曆一卷

李思議重注曹士蔿小曆一卷

七曜符天曆一卷

大衍通玄鑑新曆三卷

沈括熙寧奉元曆一部卷亡。

熙寧奉元曆經三卷

立成十四卷

備草六卷

比較交蝕六卷

衞朴七曜細行一卷

新曆正經三卷

義略二卷

立成十五卷

隨經備草五卷

七曜細行一卷

長曆三十卷

並孫思恭注。

大衍曆經二卷

大衍曆立成十一卷

大衍曆議略一卷

大衍議十卷

宣明曆經二卷

宣明曆立成八卷

宣明曆要略一卷

大衍曆經二卷

正元曆立成八卷

崇元曆經三卷

崇元曆立成七卷

調元曆經二卷

調元曆立成十二卷

調元曆草八卷

欽天曆經二卷

欽天曆立成六卷

欽天曆草三卷

應天曆經二卷

應天曆立成一卷

乾元曆經二卷

乾元曆立成二卷

儀天曆經二卷

儀天曆立成十三卷

崇天曆經二卷

崇天曆立成四卷

明天曆經三卷

明天曆立成十五卷

明天曆略二卷

符天曆三卷

姚舜輔蝕神隱耀曆三卷

丘濬霸國環周立成曆一卷

陰陽集正曆三卷

曆日纂聖精要一卷

曆樞二卷

難逃論一卷

符天行宮一卷

轉天圖一卷

萬歲日出入晝夜立成曆一卷

五星長曆一卷

正象曆一卷

胡秀林正象曆經一卷

章浦符天九曜通元立成法二卷

氣神經三卷

氣神鈐曆一卷

氣神隨日用局圖一卷

莊守德七曜氣神歌訣一卷

呂才刻漏經一卷

錢明逸西國七曜曆一卷

關子明注安脩睦都利聿斯訣〔五〕一卷

聿斯隱經一卷

聿斯妙利要旨一卷

李淳風注釋九章經要略一卷

又注釋孫子算經三卷

注王孝通五經算法一卷

注甄鸞五曹算法二卷

劉徽一作「徽」九章算田草九卷

王孝通〔六〕緝古算經一卷

程柔五曹算經求一法三卷

魯靖五曹時要算術三卷

五曹乘除見一捷例算法一卷
夏翰一作「翺」新重演議海島算經一卷
甄鸞注徐岳大衍算術法一卷
謝察微發蒙算經三卷
僧一行心機算術括一作「格」一卷僧棲巖注。
徐仁美增成玄一算經三卷
陳從運得一算經七卷
三問田算術一卷
龍受益算法二卷
又求一算術化零歌一卷
新易一法算範九例要訣一卷
徐岳術數記遺一卷
合元萬分曆三卷作者名術，不知姓。
注九章算經九卷魏劉徽、唐李淳風注。
孫子算經三卷不知名。

五曹算經五卷李淳風等注。
長慶宣明大曆二卷
萬年曆十二卷
青蘿妙度眞經大曆一卷
行漏法一卷
太始天元玉册截法六卷
求一算法一卷
細曆書一卷
玉曆通政經三卷
並不知作者。
燕肅蓮花漏法一卷
錢明逸刻漏規矩一卷
王普小漏款識一卷
官曆刻漏圖一卷
衞朴奉元曆經一卷

觀天曆經一卷紹聖、元符頒行〔七〕。

姚舜輔紀元曆經〔八〕一卷

裴伯壽、陳得一統元曆經〔九〕七卷

又統元曆五星立成二卷

統元曆盈縮朏朒立成一卷

統元曆日出入氣刻立成一卷

統元曆義二卷

統元七曜細行曆二卷

統元曆氣朔八行草一卷

統元曆考古日食一卷

三曆會同集十卷紹興初撰，不知名。

張祚注法算三平化零歌一卷龍受益法。

王守忠求一術歌一卷

算範要訣二卷

明算指掌三卷

江本一位算法二卷

任弘濟一位算法問答一卷

楊鍇明微算經一卷

法算機要賦一卷

法算口訣一卷

算法秘訣一卷

算術玄要一卷

劉孝榮新曆考古春秋日食一卷

新曆考漢魏周隋日月交食一卷

新曆考唐交食一卷

新曆氣朔八行一卷

彊弱月格法數一卷

賈憲黃帝九章算經細草九卷

張宋圖史記律曆志訛辨一卷

儀象法要一卷紹聖中編。

細行曆書二十卷起慶元庚申，至嘉定己卯，太史局一進。

右曆算類一百六十五部，五百九十八卷。

風后握機一卷晉馬隆略序。

六韜六卷不知作者。

司馬兵法三卷齊司馬穰苴撰。

孫武孫子三卷

吳起吳子三卷

黃帝秘珠三略三卷

陰符二十四機一卷

握機圖一卷

決勝孤虛集一卷

太公兵書要訣四卷

朱服校定六韜六卷

又校定孫子三卷

校定司馬法三卷

校定吳子二卷

校定三略三卷

魏武帝注孫子三卷

蕭吉注或題曹、蕭注孫子一卷

賈林注孫子一卷

陳皥注孫子一卷

宋奇孫子解并武經簡要二卷

吳章注司馬穰苴兵法三卷

吳起玉帳陰符三卷

白起陣書一作「圖」一卷

又神妙行軍法三卷

戰國策三十三卷
黃石公神光輔星祕訣一卷
又兵法一卷
三鑑圖一卷
兵書統要三卷
三略祕要三卷
成氏注三略三卷
諸葛亮行兵法五卷
又用兵法一卷
行軍指掌二卷
占風雲氣圖一卷
兵書七卷
陶侃六軍鑑要一卷
李靖韜鈐祕術一卷
又總要三卷

六十甲子厭勝法一卷
兵書三卷
占風雪一作「雲」氣三卷
風雲論三卷
三軍水鑑三卷
用兵手訣七卷
出軍占風氣候十卷
衞國公手記一卷
李世勣六十甲子內外行兵法一卷
李淳風諸家秘要三卷
又行軍明時秘訣一卷
太白華蓋法二卷
雲氣營寨占一卷
行軍曆一卷
李筌通幽鬼訣二卷

又軍旅一作「放」指歸三卷
北帝武威經三卷
青囊託守勝敗歌幷營野戰一卷
李光弼將律一卷
又武記一卷
九天察氣訣三卷
玄女厭陣法一卷
又兵要式一卷
行兵法二卷
兵法一卷
雜占法一卷
六甲陰符兵法一卷
軍謀前鑑十卷
兵家正書十卷
閫外紀一作「記」事十卷

李氏秘要兵書二卷
又秘要兵術四卷
對敵權變逆順法一卷
佐國玄機一卷
礮經一卷
總戎志二卷
李鼎祚兵鈐手曆一卷
許子兵勝苑十卷
統軍玉鑑錄一卷
張守一鑿門詩一卷
秘寶興軍集一卷
胡萬頃軍鑑式二卷
王適行軍立成七十二局一卷
安營臨陣觀災氣一卷
決戰勝負圖一卷

風雲氣象備急占一卷
祕寶風雲歌一卷
九宮軍要祕術一卷
倚馬立成鑑圖一卷
出軍占怪曆三卷
羅子邑一作「邕」神機武略歌三卷
易靜神機武略歌一卷
行軍占風氣一卷
軍占要略二卷
鄭先忠軍機討略策三卷
古今兵略十卷
論天鏡一作「鑑」出戰要訣一卷
將兵祕要法一卷
武師左領記三卷
牛洪道玄機立成法一卷

孤虛明堂圖一卷
軍用立成一卷
何延錫辨解序一卷
紀勳軍國要制五卷
將軍總錄三卷
李遠武孝經一卷
王巒行軍廣要算經三卷
金符經三卷
十二月立成陣圖法一卷
行軍走馬立成法一卷
立成掌中法一卷
行軍要略分野星圖法一卷
黃道法一卷
徐漢卿制勝略三卷
牟知白專征小格略一卷

圖南兵略三卷
從征錄五卷
出軍別錄一卷
兵書總要四卷
兵策祕訣三卷
萬勝訣二卷
戰鬥祕訣一卷
英雄龜鑑一卷
兵訣一卷
隨軍要訣一卷
軍謀要術一卷
韜鈐祕要一卷
軍旅要術一卷
軍祕禳厭術一卷
占軍機勝負龜訣一卷

訓將勝術二卷
兵書手鑑二卷
尉繚子五卷戰國時人。
常禳經三卷燕昭王太子撰，蓋依託。
黃石公三略三卷
又素書一卷張良所傳。
諸葛亮將苑一卷
兵書手訣一卷
文武奇編一卷
武侯八陣圖一卷
鬼谷天甲兵書常禳術三卷梁昭明太子撰。
陶弘景眞人水照〔10〕十三卷
李靖六軍鏡三卷
六十甲子禳敵克應决勝術一卷
玉帳經一卷

李靖兵鈐新書一卷

並不知作者。

九天玄女孤虛法一卷

李淳風懸鏡經十卷

郭代公安邊策三卷唐郭震撰。

李筌太白陰經十卷

占五行星度吉凶訣一卷

注孫子一卷

閫外春秋十卷

李光弼統軍靈轄祕策一卷

五家注孫子三卷魏武帝、杜牧、陳皞、賈隱林〔二〕、孟氏。

杜牧孫子注三卷

裴緒新令二卷

曹、杜注孫子三卷曹操、杜牧。

劉玄之行軍月令一卷

李大著江東經略十卷

綦先生兵書一十六卷

並不知名。

許洞虎鈐兵經二十卷

欒產太一王佐祕珠五卷

盧元輅珠祕訣一卷

黃帝太公兵法三卷虞彥行進。

趙善譽〔三〕南北攻守類攷六十三卷

柴叔達浮光戰守錄一卷

冲晦郭氏兵學七卷郭雍述。

論五府形勝萬言書一卷

閫外策鈐五卷

經武略二百九十卷

治亂貫怪記三卷

三賢安邊策十一卷
邊防備衞策一卷
出軍占候歌一卷
通玄玉鑑一卷
握鏡訣怪祥歌一卷
玄女遁甲經三卷
李僕射馬前訣一卷
防城動用一卷
彭門玉帳訣錄一卷
遁甲專征賦一卷
帝王中樞賦二卷
長世論十卷
武備圖一卷
兵鑑五卷
陰符握機運宜要五卷並不知作者。

仁宗攻守圖術三卷
曾公亮武經總要四十卷
蔡挺裕陵邊機處分一卷
符彥卿人事軍律三卷
曾致堯清邊前要十卷
王洙三朝經武聖略十卷
淸邊武略十五卷
風角占一卷康定間司天臺集。
任鎮康定論兵一卷
趙珣聚米圖經五卷
慶曆軍錄一卷不知作者。
曾公奭軍政備覽一卷
耿恭平戎議三卷
邊臣要略二十卷〔三〕

趙珣安邊致勝策三卷
呂夏卿兵志三卷
丘濬征蠻議一卷
阮逸野言一卷
劉滬備邊機要一卷
薛向陝西建明一卷
吉天保十家孫子會注十五卷
王韶熙河陣法一卷
韓縝元豐清野備敵一卷
何去非三備略講義六卷
　備論十四卷
戴溪歷代將鑑博議十卷
張文伯百將新書十二卷
劉溫潤西夏須知一卷
王維清武昌要訣一卷

徐衎司命兵機祕略二十八卷
徐確總夫要錄一卷
張預集注百將傳一百卷
余壹兵籌類要十五卷
葉上達神武祕略論十卷
夏休兵法三卷
汪槔進復府兵議一卷
　古今屯田總議七卷
游師雄元祐分疆錄二卷
崇寧邊略三卷不知作者。
劉荀建炎德安守禦錄三卷
度濟兵錄八十卷
西齋兵議三卷文覺兄弟問答兵機。
章頴四將傳三卷
神機靈祕圖三卷

軍鑑圖二卷
紀重政軍機決勝立成圖三卷
兵書氣候旗勢圖一卷
諸家兵法祕訣四卷
行師類要七卷
古今兵書十卷
五行陣決一卷
會稽兵術三卷
六十甲子出軍祕訣一作「略」一卷
玄珠要訣一卷
軍塾兵鈐三卷
韜鈐祕錄五卷
將略兵機論十二卷
三軍指要五卷
纂下六甲營圖一卷
五十七陣出軍甲子一卷
行軍玄機百術法一卷
兵書出軍雜占五卷
兵法機要三卷
神兵要術三卷
神兵機要三卷
總戎策二卷
兵書精訣二卷
權經對三卷
行軍用兵玄機三卷
兵機要論五卷
行軍備曆六十卷
兵機簡要十卷
兵談三卷
韓霸水陸陣圖三卷

強弩備術三卷
九九陣圖一卷
軍林要覽三卷
制勝權略三卷
兵書精妙玄術十卷
兵籍要樞三卷
太一行軍祕術詩三卷
戎機二卷
通神機要三卷
劉玄一作「定」之兵家月令一卷
又軍令備急一卷
湯渭天一兵機舉要歌一卷
王洪暉行軍月令四卷
裴守一軍誡三卷
兵家正史九卷
行軍周易占一卷
張從實將律一卷
焦大憲兵易歌神兵苑三卷
星度用一卷
將術一卷
行兵攻具術一卷
行兵攻具圖一卷
兵家祕寶一卷
祕寶書一卷
軍律三卷
張昭制旨兵法十卷
王洙青囊括一卷
杜希全兵書要訣三卷
釋利正長慶人事軍律〔四〕三卷
董承祖至德元寶玉函經十卷

王公亮行師類要七卷
劉可久契神經一卷
李洿靈關訣二卷一名靈關集益智。
兵機法一卷
太一厭禳法一卷
五行陣圖一卷
兵論十卷
六十甲子行軍法一卷
會稽兵家術日月占一卷
統戎式令一卷
六甲五神用軍法一卷
要訣兵法立成歌一卷
六甲攻城破敵法一卷
馬前祕訣兵書一卷
石普軍儀條目三卷

仁宗神武祕略十卷
又行軍環珠一部卷亡。
又四路獸守約束一部卷亡。
軍誡三卷
武記一卷
定遠安邊策三卷
新集兵書要訣三卷
兵書要略一卷
揀將要略十卷
兵論十卷
符彥卿五行陣圖一卷
新集行軍月令四卷
雲氣圖十二卷
統戎式鏡二卷
行軍氣候祕法三卷

天子氣章雲氣圖十二卷

預知歌三卷

從軍占三卷

兵書論語三卷

彭門玉帳歌三卷

太一行軍六十甲子禳厭祕術詩三卷

兵機舉要陽謂歌一卷

郯子新修六壬大玉帳歌十卷

郭固軍機決勝立成圖一卷

又兵法攻守圖術三卷

王存樞密院諸房例册一百四十二卷

蔡挺教閱陣圖一卷

林廣陣法一卷

王拱辰平蠻雜議十卷

敵樓馬面法式及申明條約幷修城女牆法二卷

楊伋兵法圖議一卷

韓縝樞密院五房宣式一卷

又論五府形勝萬言書[一五]一卷

方坰重演握奇三卷

又握奇陣圖一卷

梁燾安南獻議文字幷目錄五卷

兪見禦戎十册

韓絳宣撫經制錄三卷

王革政和營繕軍補錄序一卷

余臺兵籌類要十五卷

溱播州勝兵法二部

任諒兵書十卷

右兵書類三百四十七部，一千九百五十六卷。

李廣射評要錄一卷
梁冀彈棊經一卷
梁元帝畫山水松石格一卷
姚最續畫品一卷
李嗣眞畫後品一卷
竇蒙畫錄拾遺一卷
張又新畫總載一卷
裴孝源貞觀公私畫錄一卷
李淳風歷監天元主物簿三卷
皇甫松醉鄉日月三卷
張彥遠歷代名畫記十卷
韋蘊九鏡射經一卷
唐畫斷一卷
王琚射經一卷
王堅道射訣一卷
荆浩筆法記一卷
李氏墨經一卷
張學士棊經一卷
宋景眞唐賢名畫錄一卷
墨圖一卷
釣鼇圖一卷
端硯圖一卷
畫總錄五卷
嘯眞一卷
樗蒲圖一卷

並不知作者。

蘇易簡文房四譜五卷
李永德點頭文一卷

李畋益州名畫錄三卷

唐績硯圖譜一卷

紀亶廣弓經一卷

王德用神射式一卷

劉懷德射法一卷

趙景小酒令一卷

趙明遠皇宋進士彩選一卷

蔡襄墨譜一卷

卜恕投壺新律一卷

劉敞漢官儀三卷亦投子選也。

唐詢硯錄二卷

竇諷飲戲助歡三卷

郭若虛圖畫見聞志六卷

司馬光投壺新格一卷

王趯投壺禮格二卷

劉道醇新編五代名畫記一卷

宋朝畫評四卷

李誡新集木書一卷

米芾畫史一卷

任權弓箭啓蒙一卷

張仲商〔二六〕射訓一卷

馬思永射訣一卷

王越石射議一卷

李孝美墨苑三卷

李廌德隅堂畫品〔二七〕一卷

温子融畫鑑三卷

王愼修宣和彩選一卷

陳日華金淵利術八卷

黃鑄玉籤詩一卷

李洪續文房四譜五卷

何珪射義提要一卷
射經三卷
張仲素射經三卷
田逸射經四卷
王琚射經二卷
九鑑射圖一卷
徐鍇〔八〕射書十五卷
韋蘊射訣一卷
李章射訣三卷
張子霄神射訣一卷
李靖弓訣一卷
法射指訣一卷
黃損射法一卷
張守忠射記一卷
弓訣一卷

呂惠卿弓試一部卷亡。
上官儀投壺經一卷
鍾離景伯草書洪範無逸中庸韻譜十卷
唐績棊圖五卷
金谷園九局譜一卷
王積薪等棊訣三卷
棊勢論并圖一卷
徐鉉棊圖義例一卷
棊勢三卷
楊希璨一作「瓅」四聲角圖一卷
又雙泉圖一卷
玉溪圖一卷
蔣元吉等棊勢三卷
太宗棊圖一卷
局譜一卷

韋琔棊圖一卷
奕棊經一卷
棊經要略一卷
王子京彈棊圖一卷
樗蒲經一卷
雙陸格一卷
李郃骰子彩選格三卷
劉蒙叟彩選格一卷
尋仙彩選七卷
葉子格三卷
李煜妻周氏繫蒙小葉子格一卷
偏金葉子格一卷
小葉子例一卷
謝赫古今畫品一卷
徐浩畫品一卷

曹仲連畫評一卷
李嗣眞畫後品一卷
胡嶠廣梁朝畫目三卷
王叡不絕筆畫圖一卷
郭若虛圖畫見聞誌六卷
朱遵度漆經三卷
馬經一卷
辨馬圖一卷
馬口齒訣一卷
醫馬經一卷
明堂灸馬經二卷
論駞經一卷
療駞經一卷
醫駞方一卷

右雜藝術類一百十六部，二百二十七卷。

陸機會要一卷

朱澹遠語麗十卷

杜公瞻編珠四卷

祖孝徵修文殿御覽三百六十卷

歐陽詢藝文類聚一百卷

虞世南北堂書鈔一百六十卷

高士廉、房玄齡文思博要一卷

徐堅初學記三十卷

燕公事對十卷

張鷟龍筋鳳髓判十卷

杜佑通典二百卷

陸贄備舉文言三十卷

張仲素詞圃十卷

白居易白氏六帖三十卷

前後六帖三十卷前，白居易撰，後，宋孔傳〔一九〕撰。

李翰蒙求三卷

白廷翰〔二〇〕唐蒙求三卷

劉綺莊集類一百卷

李商隱金鑰二卷

崔鉉弘文館續會要四十卷

李途記室新書三卷〔二一〕

顏休文飛應詔十五卷

高測韻對〔二二〕十卷

劉揚名戚苑纂要十卷

又戚苑英華十卷

孟詵錦帶書八卷

喬舜封古今語要十二卷

蘇冕古今國典一百卷

又會要四十卷

章得象國朝會要一百五十卷宋初至慶曆四年。

大孝一作「存」僚御覽要略十二卷

册府元龜音義一卷

王欽若彤管懿範七十卷　目十卷

彤管懿範音義一卷

歐陽詢麟角一百二十卷

白氏家傳記二十卷

薛高立集類三十卷

邊崖類聚三十二卷

類事十卷

徐叔暘〔三〕羊頭山記十卷

于立政〔四〕類林十卷

杜光庭歷代忠諫書五卷

諫書八十卷

唐諫諍論十卷

王昭遠禁垣備對十卷

魏玄成勵忠節四卷

王伯璵勵忠節抄十卷

書判幽燭四十卷

軺車事類三卷

周佑之五經資政二十卷

經典政要三卷

尹弘遠經史要覽三十卷

章句纂類十四卷

李知實一作「寶」檢志三卷

李愼徽一作「徽」理樞七卷

鄒順廣蒙書十卷

劉漸〔三五〕羣書系蒙三卷
九經對語十卷
錢承志九經簡要十卷
經史事對三十卷
子史語類拾遺十卷
韋稔筆語類對十卷
又應用類對十卷一名筆語類對。
黄彬經語協韻二十卷
朱澹語類五卷
楊名廣一作「唐」略新書三卷
十議典錄三卷
李德孫學堂要記一作「紀」十卷
裴説脩文異名錄十一卷
搢紳要錄二卷
段景文場纂要二卷
文場秀句一卷
王雲文房纂要十卷
彤玉集類二十卷
彤金集三卷
劉國潤廣彤金類集十卷
庾肩吾彩璧五卷
金鑾秀蘂二十卷
陸贄靑囊書十卷
蔣氏寶車一作「庫」十卷
瓊林採實三卷
温庭筠學海三十卷〔三六〕
鄭嵎一作「嵎」雙金五卷
孫翰錦繡谷五卷
齊逸人玉府新書〔三七〕三卷
叢髓三卷

盧重華文髓一卷
勁弩子三卷
玉苑麗文五卷
段景疊辭二卷
玉英二卷
玉屑二卷
金匱二卷
常偹半臂十卷
紫香囊二十卷
陸羽警年十卷
窮神記十卷
李齊莊事解七卷
王氏千門四十卷
郭道規事鑑五十卷
沈寥子文鑑四十卷

李大華康國集四卷
姚勗起予集四十卷
李貴臣家藏龜鑑錄四卷
徐德言分史衡鑑十卷
薛洪古今精義十五卷
筆藏論三卷
蘇源治亂集三卷
治道要言十卷
馬幼昌穿楊集四卷
李欽玄累玉集十卷
支遷喬一作「奇」京國記二卷
郭微屬文寶海一百卷
樂黄目學海搜奇錄六十卷
皇覽總論十卷
張陟唐年經略志十卷

楊九齡名苑五十卷
是光乂十九書語類〔元〕十卷
雍公叡注張楚金翰苑十一卷
劉濟九經類議一作「義」二十卷
黎翹廣略六卷
王博古脩文海十七卷
郭翔春秋義鑒三十卷
曹化兩漢史海十卷
楊知惲名字族十卷
馮洪敏寶鑑絲綸二十卷
胡旦將帥要略二十卷
劉顏輔弼名對四十卷
景泰邊臣要略二十卷
石待問諫史一百卷
王純臣青宮懿典十五卷
李虛一溉漕新書四十卷
童子洽聞一卷
麟角抄十二卷
雷壽之古文類纂十卷
漢臣蒙求二十卷
李伉系蒙求十卷
丘光庭同姓名錄一卷
王殷範續蒙求三卷
王先生十七史蒙求十六卷
黃簡文選韻粹三十五卷
白氏玉連環七卷
白氏隨求一卷不知名。
重廣會史一百卷
資談六十卷
聖賢事迹三十卷

引證事類備用三十卷
門類解題十卷
瓊林會要三十卷
青雲梯籍二十卷
南史類要二十卷
粹籍十五卷
六朝採要十卷
十史事語十卷
十史事類十二卷
三傳分門事類十二卷
嘉祐新編二經集粹十卷
鹿革事類二十卷
職官事對九卷
掞天集六卷
文章叢說十卷
新編經史子集名卷〔三九〕六卷
碎玉四淵海集百九十五卷
書林四卷
寶龜三卷
離辭筆苑二卷
詩句類二卷
南北事偶三卷
五色線一卷
珠浦一卷
重廣策府沿革一卷
鴻都編一卷
文章庫一卷
十三代史選三十卷
左傳類要五卷
唐朝事類十卷

羣玉雜俎三卷
增廣羣玉雜俎四卷
分聲類說三十二卷
文選雙字類要四十卷
書林事類一百卷
並不知作者。
鄭氏歷代蒙求一卷
孫應符初學須知五卷
王敦詩書林韻會二十八卷
曾恬孝類書二卷
邵笥賡韻孝悌蒙求二卷
譙令憲古今異偶一百卷
宋六朝會要三百卷章得象〔三〇〕編，王珪續。
續會要三百卷虞允文等撰。
中興會要二百卷梁克家等撰。

孝宗會要二百卷楊濟、鍾必萬總修。
光宗會要一百卷
寧宗會要一百五十卷祕書省進。
國朝會要五百八十八卷張從祖纂輯。
王溥續唐會要一百卷
五代會要三十卷
李安上十史類要十卷
李昉太平御覽一千卷
王倬班史名物編十卷
蘇易簡文選菁英二十四卷
宋白、李宗諤續通典二百卷
皮文粲鹿門家鈔籍詠五十卷
曾致堯仙鳧羽翼三十卷
僧守能典類〔三一〕一百卷
王欽若册府元龜一千卷

葉適名臣事纂九卷

方龜年羣書新語十一卷

晏殊天和殿御覽四十卷

類要七十七卷

宋庠鷄跖集二十卷

過昺至孝通神集三十卷

鄧至羣書故事十五卷

故事類要三十卷

宋幷登瀛祕錄八卷

范鎭本朝蒙求二卷

馬共元祐學海三十卷

任廣書敍指南〔三〕二十卷

朱繪事原三十卷

陳彥禧饗堂要覽十卷

陳紹重廣六帖學林三十卷

吳淑事類賦三十卷

王資深摭史四卷

馬永易實賓錄三十卷

異號錄三十卷

陳貽範千題適變錄十六卷

楊諮古今名賢歌詩押韻二十四卷

江少虞皇朝事實類苑二十六卷

葉庭珪海錄碎事二十三卷

陳天麟前漢六帖十二卷

蕭之美十子奇對三卷

莊子寓言類要一卷

三傳合璧要覽二卷

三子合璧要覽二卷

四子合璧要覽二卷

劉珏兩漢蒙求十卷

吳逢道六言蒙求六卷
徐子光補注蒙求四卷
又補注蒙求八卷
羣書治要十卷祕閣所錄。
蔡攸政和會要一百一十卷
晏袤數會要一百卷
謝諤孝史五十卷
度濟諫錄二十卷
葉才老和李翰蒙求三卷
林越漢雋十卷
倪遇漢書家範十卷
李宗序隆平政斷二十卷
鄭大中漢規四卷
張磁仕學規範四十卷
歐陽邦基勸戒別錄三卷

閻一德古今政事錄二十一卷
僧道蒙仕途經史類對十二卷
呂祖謙觀史類編六卷
讀書記四卷
洪邁經子法語二十四卷
春秋左氏傳法語六卷
史記法語八卷
前漢法語二十卷
後漢精語十六卷
三國志精語六卷
晉書精語五卷
南史精語六卷
唐書精語一卷
程大昌演蕃露十四卷
又續演蕃露六卷

攷古編十卷

續攷古編十卷

程俱班左誨蒙三卷

唐仲友帝王經世圖譜十卷

錢端禮諸史提要十五卷

陳傅良漢兵制一卷

備邊十策九卷

徐天麟西漢會要七十卷

漢兵本末一卷

曾慥類說五十卷

錢文子〔三〕補漢兵志一卷

錢諷史韻四十二卷

鄒應龍務學須知二卷

高似孫緯略十二卷

子略四卷

吳曾南北分門事類十二卷

魏彥惇名臣四科事實十四卷

王掄羣玉義府五十四卷

范師道垂拱元龜會要詳節四十卷

國朝類要十二卷

俞鼎、俞經儒學警悟四十卷

鄭厚通鑑分門類要四十卷

柳正夫西漢蒙求一卷

李孝美文房監古三卷

竇苹載籍討源一卷

王仲閎語本二十五卷

毛友左傳類對賦六卷

俞觀能孝經類鑑七卷

胡宏敍古蒙求一卷

玉山題府二十卷

熙寧題髓十五卷

帝王事實十卷

聖賢事實十卷

漢唐事實十五卷

國朝韻對八卷

引證事類三十卷

魯史分門屬類賦一卷

古今通編八卷

諸子談論三卷

並不知作者。

右類事類三百七部，一萬一千三百九十三卷。

黃帝內經素問二十四卷唐王冰注。

素問八卷隋全元起注。

黃帝靈樞經九卷

黃帝鍼經九卷

黃帝灸經明堂三卷

黃帝九虛內經五卷

揚玄操素問釋音一作「言」一卷

素問醫療訣一卷

秦越人難經疏十三卷

黃帝脈經一卷

又脈訣一卷

張仲景脈經一卷

又五藏榮衛論一卷

耆婆脈經三卷

徐氏脈經三卷

王叔和脈訣一作「經」一卷

孩子脈論一卷

李勣脈經一卷

張及脈經手訣一卷王善注。

徐裔脈訣二卷

韓氏脈訣一卷

脈經一卷

百會要訣脈經一卷

碎金脈訣一卷

元門脈訣一卷

身經要集一卷

太醫祕訣診候生死部一卷

倉公決死生祕要一卷

神農五藏論一卷

黃帝五藏論一卷

黃庭五藏經一卷

黃庭五藏六府圖一卷

趙業黃庭五藏論七卷

張向容大五藏論一卷

又小五藏論一卷

五藏金鑑論一卷

段元一作「允」亮五藏鑑元一作「原」四卷

孫思邈五藏旁通明鑑圖一卷

又針經一卷

張文懿藏府通玄賦一卷

五藏攝養明鑑圖一卷

吳兢五藏論應象〔圖〕一卷

裴王庭五色旁通五藏圖一卷

五藏要訣一卷

太元心論　卷

岐伯針經一卷

扁鵲鍼傳一卷
玄悟四神針經一卷
甄權〔三〕針經抄三卷
王處明玄祕會要針經五卷
呂博金滕玉匱鍼經三卷
黃帝問岐伯灸經一卷
顏齊灸經十卷
明堂灸法三卷
皇甫謐黃帝三部鍼灸經十二卷即甲乙經。
岐伯論針灸要訣一卷
山眺一作「兆」鍼灸經一卷
公孫克針灸經一卷
吳復珪小兒明堂針灸經一卷
王惟一明堂經三卷
明堂玄眞經訣一卷
朱遂明堂論一卷
金鑑集歌一卷
黃帝太素經三卷楊上善注。
刺法一卷
太上天寶金鏡靈樞神景內編九卷
扁鵲注黃帝八十一難經二卷秦越人撰。
扁鵲脉經一卷
張仲景傷寒論十卷
五藏論一卷
王叔和脉經十卷
脉訣機要三卷
巢元方巢氏諸病源候論五十卷
崔知悌灸勞法一卷
王冰素問六脉玄珠密語一卷
褚澄褚氏遺書一卷

華佗藥方一卷

金匱要略方三卷張仲景撰，王叔和集。

葛洪肘後備急百一方三卷

劉涓子神仙遺論十卷東蜀李頔錄。

宇文士及粧臺記六卷

師巫顱顖經二卷

孫思邈千金方三十卷

千金髓方二十卷

千金翼方三十卷

玉函方三卷

王起〔三六〕仙人水鏡一卷

王燾外臺祕方四十卷

陳藏器本草拾遺十卷

孔志約唐本草二十卷

李昉開寶本草二十卷　目一卷

盧多遜詳定本草二十卷　目錄一卷

補注本草二十卷　目錄一卷

李含光本草音義五卷

蕭炳四聲本草四卷

本草韻略五卷

楊損之删繁本草五卷

杜善方本草性類一卷

陳士良食性本草十卷

龐安時難經解義一卷

宋庭臣黃帝八十一難經注釋一卷

張仲景療黃經一卷

又口齒論一卷

金匱玉函八卷王叔和集。

扁鵲療黃經三卷

又枕中祕訣三卷

青烏子風經一卷

吳希言風論山兆一作「眺」經一卷

支義方〔三七〕通玄經十卷

呂廣金韜玉鑑經三卷

雷一作「靈」公仙人養性治一作「理」身經三卷

醫源兆經一卷

林億黃帝三部鍼灸經十二卷

楊曄膳夫經手錄四卷

延年祕錄十一卷

混俗頤生錄二卷

千金纂錄二卷

金匱錄五卷

司空輿發焰錄一卷

梅崇獻醫門祕錄五卷

治風經心錄五卷

郭仁普拾遺候用深靈玄錄五卷

養性要錄一卷

党求平撫醫新說三卷

代榮醫鑑一卷

衞嵩金寶鑑三卷

段元亮病源手鑑二卷

田誼卿傷寒手鑑三卷

千金手鑑二十卷

王勃醫語纂要一卷

華顒醫門簡要十卷

蘇越羣方祕要一作「會」三卷

古詵三教保光纂要三卷

醫明要略一卷

張叔和新集病總要略一卷

外臺要略十卷

司馬光醫問七卷

耆婆六十四問〔三八〕一卷

伏氏醫苑一卷

神農食忌一卷

吳羣意醫紀曆一卷

孔周南靈方志一卷

穆脩靖靈芝記五卷羅公遠注。

張隱居金石靈臺記一卷

菖蒲傳一卷

李翺何首烏傳一卷

張尙容延齡至寶抄一卷

醫家要抄〔三九〕五卷

黃帝問答疾狀一卷

陶隱居靈奇祕奧一卷

南海藥譜一卷

家寶義囊一卷

小兒藥證一卷

神仙玉芝圖二卷

經食草木法一卷

孫思邈芝草圖三十卷

又太常分藥格一卷

神枕方一卷

崔氏產鑑圖一卷

攝生月令圖一卷

六氣導引圖一卷

侍膳圖一卷

徐玉藥對二卷

宗令祺廣藥對三卷

方書藥類三卷

江承宗〔四〇〕刪繁藥脈三卷

蔣淮療黃歌一卷

晏封草石論〔四二〕六卷

藥性論四卷

張果傷寒論一卷

陳昌祚明時政要傷寒論三卷

李涉傷寒方論二十卷

青烏子論一卷

石昌璉明醫顯微論一卷

清溪子消渴論一卷

龍樹眼論一卷

邢一作「郝」元朴癰疽論一卷

癰疽論三卷

李言少嬰孺病論一卷

楊全迪崔氏小兒論一卷

療小兒疳病論一卷

劉豹子眼論一卷

蘇巉一作「游」玄感論一卷

李暄嶺南脚氣論二卷

發背論二卷

邵英俊口齒論一卷

蕭一作「蘭」宗簡水氣論三卷

骨蒸論一卷

唐一作「廣」陵正師口齒論一卷

風疾論一卷

楊太業〔四三〕三十六種風論一卷

喻義瘡腫論一卷

又療癰疽要訣〔四四〕一卷

蘇游鐵粉論一卷

又玄感傳尸方一卷

褚知義鍾乳論一卷

李昭明嵩臺論三卷
玉鑑論五卷
王守愚產前產後論一卷
小兒眼論一卷
普濟方五卷
應驗方三卷
應病神通方三卷
張文仲法象論一卷
小兒五疳二十四候論一卷
劉涓子鬼論一卷
僧智宣發背論一卷
沈泰之癰疽論二卷
蘇敬徐玉唐侍中三家脚氣論一卷
吳昇宋處新修鍾乳論一卷
白岑發背論一卷
西京巢氏水氣論一卷
李越一作「鉞」新脩榮衞養生用藥補瀉論十卷
楊大鄴嬰兒論二卷
採藥論一卷
制藥論法一卷
連方五藏論一卷
五勞論一卷
夭壽性術論〔四〕一卷
咽喉口齒方論五卷
產後十九論一卷
小兒方術論一卷
李温萬病拾遺三卷
張機金石制藥法一卷
王氏食法五卷
嚴龜食法十卷

養身食法三卷
太淸服食藥法七卷
按摩法一卷
攝養禁忌法一卷
王道中〔四五〕石藥異名要訣一卷
譚延鎬脉色要訣〔四六〕一卷
吳復圭金匱指微訣一卷
葉傳古〔四七〕醫門指要訣一卷
華子顒相色經妙訣一卷
制藥總訣一卷
修玉粉丹口訣一卷
服雲母粉訣一卷
伏火丹砂訣序一卷
陳玄北京要術一卷
蕭家法饌三卷

饌林四卷
藥林一卷
王氏醫門集二十卷
李崇慶燕臺集五卷
穿玉集一卷
劉翰今體治世集〔四八〕三十卷
雷繼暉神聖集三卷
華氏集十卷
楊氏粧臺寶鑑集三卷南陽公主。
傷寒證辨集一卷
賈黃中神醫普救方一千卷　目十卷
楊歸一作師厚產乳集驗方三卷
安文恢萬全一作「金」方三卷
孫廉金鑑方三卷
金匱方三卷

韋宙獨行方十二卷

又玉壺備急方一卷

鄭氏惠民方三卷

鄭氏圃田通玄方三卷

又惠心方三卷

纂要祕要方三卷

溥濟安衆方三卷

支觀通玄方十卷

劉氏五藏旁通遵一作「導」養方一卷

白仁敍集驗方五卷

服食導養方三卷

孟氏補養方三卷

崔元亮海上集驗方十卷

崔氏骨蒸方三卷

元希聲行要備急方二卷

劉禹錫傳信方二卷

王顏續傳信方十卷

嬰孩方十卷

黃漢忠祕要合煉方五卷

針眼一作「眼針」鈎方一卷

穆昌緒一作「叔」療眼諸方一卷

孩孺一作「嬰孩」雜病方五卷

朱傅孩孺明珠變蒸七疳方一卷

小兒祕錄集要方一卷

延齡祕寶方集五卷

錄古今服食導養方三卷

服食神祕方一卷

姚和衆童延齡至寶方十卷

又保童方一卷

許詠一作「泳」六十四問祕要方一卷

塞上方三卷

晨昏寧待方二卷

王道外臺祕要乳石方二卷

耆婆要用方一卷

崔行功纂要方十卷

千金祕要備急方一卷

華宗壽昇天一作「元」廣濟方三卷

段詠一作「泳」走馬備急方一卷

天寶神驗藥方一卷

貞元集要廣利方五卷

太和濟安方一卷

羅普宣靈寶方一百卷

悟玄子安神養性方一卷

篋中方一卷

蕭存禮百一問答方三卷

包會應驗方三卷

雜用藥方五十五卷

神仙雲母粉方一卷

服朮方一卷

慶曆善救方一卷

胡道洽方一卷

賈耽〔四九〕備急單方一卷

李八百方一卷

波馳波利譯吞字貼腫方一卷

李繼皐南行方三卷

杜氏集驗方一卷

韓待詔肘後方一卷

王氏祕方五卷

徒都子膜外氣方一卷

潛眞子神仙金匱服食方二卷

楊太僕醫方一卷

沈承澤集妙方三卷

章秀言草木諸藥單方一卷

吳希言醫門括源方一卷

王朝昌新集方一卷

老子服食方一卷

葛仙公杏仁煎方一卷

刪繁要略方一卷

集諸要妙方一卷

備急簡要方一卷

纂驗方一卷

養性益壽備急方一卷

奏聞單方一卷

反魂丹方一卷

玄明粉方一卷

瘰癧方一卷

婆羅門僧服仙茅方一卷

高福攝生要錄三卷

李絳兵部手集方三卷

孟詵食療本草六卷

沈知言通玄祕術三卷

昝殷產寶三卷

食醫心鑑二卷

甘伯宗歷代名醫錄七卷

鄭景岫廣南四時攝生論一卷

葉長文啓玄子元和紀用經一卷

張文懿本草括要詩三卷

雷斆炮灸方三卷

宋徽宗聖濟經十卷

通眞子續注脉賦一卷

脉要新括二卷

李大參家傷寒指南論一卷

嚴器之傷寒明理論四卷

王維一新鑄銅人腧穴鍼灸圖經三卷

高若訥素問誤文闕義一卷

傷寒類要四卷

徐夢符外科灸法論粹新書一卷

趙從古六甲天元運氣鈐二卷

丁德用醫傷寒慈濟集三卷

馬昌運黃帝素問入試祕寶七卷

王宗正難經疏義二卷

楊介存四時傷寒總病論〔五〇〕六卷

僧文宥必効方三卷

陳師文校正太平惠民和劑局方五卷

陳氏經驗方五卷不知名。

唐愼微大觀經史證類備急本草三十二卷

王寔傷寒證治三卷

又局方續添傷寒證治一卷

郭稽中婦人產育保慶集一卷

裴宗元藥詮總辨三卷

孫用和傳家祕寶方五卷

錢乙小兒藥證直訣八卷

洪氏集驗方五卷不知名。

李石司牧安驥集三卷

又司牧安驥方一卷

張渙小兒醫方妙選三卷

王俁編類本草單方三十五卷

趙鑄瘴瘧備急方一卷

李璆、張致遠瘴論二卷

鄭樵鶴頂方二十四卷

本草外類五卷

食鑑四卷

張傑子母祕錄十卷

王蘧經效癰疽方一卷

張銳鷄峯備急方一卷

王世臣傷寒救俗方一卷

胡權治癰疽膿毒方一卷

錢竿海上名方一卷〔五一〕

何偁經驗藥方二卷

劉元賓神巧萬全方十二卷

黨永年摭醫新説三卷

史源治背瘡方一卷

王貺濟世全生指迷方三卷

王袞王氏博濟方三卷

王伯順小兒方三卷

漢東王先生小兒形證方三卷

胡愔補瀉內景方三卷

栖眞子嬰孩寶鑑方十卷

蔣淮藥證病源歌五卷

成無已傷寒論一卷

朱旦〔五二〕傷寒論方一卷

沈虞卿衞生產科方一卷

沈柄產乳十八論卷亡。

温舍人方一卷不知名。

党禹錫〔五三〕嘉祐本草二十卷

劉方明幼幼新書四十卷

吳得夫集驗方七卷

馬延之馬氏錄驗方一卷

李朝正備急總効方四十卷

陳言三因病源方六卷

陳抃手集備急經効方一卷
張允蹈外科保安要用方五卷
史載之方二卷
夏德懋衞生十全方十三卷
陸游陸氏續集驗方二卷
卓伯融妙濟方一卷
胡元質總効方十卷
王璆百一選方二十八卷
朱端章衞生家寶方六卷
又衞生家寶產科方八卷
衞生家寶小兒方二卷
衞生家寶湯方三卷
楊倓楊氏家藏方二十卷
許叔微普濟本事方十二卷
胡氏經驗方五卷不著名。
備用方二卷岳州守臣編，不著名氏。
丘哲備急効驗方三卷
宋霖丹毒備急方三卷
黃環備問方二卷
王碩易簡方〔五四〕一卷
方導方氏集要方二卷
王世明濟世萬全方一卷
張松究源方五卷
董大英活幼悟神集二十卷
安慶集十卷
曾孚先保生護命集一卷
戴衍奪生要訣一卷
定齋居士五痔方一卷
李氏癰疽方一卷不知名。
集効方一卷

中興備急方二卷
灸經背面相二卷
神應鍼經要訣一卷
伯樂鍼經一卷
傷寒要法一卷
蘭室寶鑑二十卷
小兒祕要論一卷
紹聖重集醫馬方一卷
傳信適用方一卷
治未病方一卷
用藥須知一卷
治發背惡瘡內補方一卷
博濟嬰孩寶書二十卷
川玉集一卷
產後論一卷

冲和先生口齒論一卷
脚氣論一卷
靈苑方二十卷
祕寶方二卷
古今祕傳必驗方一卷
太醫西局濟世方八卷
產科經眞環中圖一卷
陳升醫鑑後傳一卷
陳蓬天元祕演十卷
龐安時〔五五〕難經解一卷
朱肱內外二景圖三卷
南陽活人書二十卷
席延賞黃帝鍼經音義一卷
莊綽膏肓腧穴灸法一卷
華氏中藏經〔五六〕一卷靈寶洞主探微眞人撰。

劉温舒內經素問論奧四卷

劉清海五藏類合賦一卷

耆婆五藏論一卷

劉皓眼論審的歌一卷

徐氏黃帝脉經指下祕訣一卷

平堯卿傷寒玉鑑新書一卷

　傷寒證類要略二卷

董常南來保生回車論一卷

黃維聖濟經解義十卷

東軒居士衞濟寶書〔五七〕一卷

李檉傷寒要旨一卷

醫家妙語一卷

小兒保生要方三卷

湯民望嬰孩妙訣論三卷

伍起予外科新書一卷

癰疽方一卷

董汲脚氣治法總要〔五八〕一卷

程迥醫經正本書一卷

婁居中食治通說一卷

蘇頌校本草圖經二十卷

王懷隱〔五九〕太平聖惠方一百卷

姚和衆童子祕要論三卷

錢聞禮錢氏傷寒百問方一卷

閻孝忠重廣保生信効方一卷

劉甫十全博救方一卷

周應簡要濟衆方五卷

王素經驗方三卷

張田幼幼方一卷

劉彝贛州正俗方二卷

李端愿簡驗方一卷

崔源本草辨誤一卷
文彥博藥準一卷
晏傳正明効方五卷
董汲旅舍備要方一卷
葛懷敏神効備急單方一卷
初虞世古今錄驗養生必用方〔六〇〕三卷
沈括良方十卷
龐安驗方書〔六一〕一卷
蘇沈良方十五卷沈括、蘇軾所著。
勝金方一卷
陳直奉親養老書一卷
王趙選祕方二卷

右醫書類五百九部，三千三百二十七卷。

凡子類三千九百九十九部，二萬八千二百九十卷。

校勘記

〔一〕張丘建　原作「張立建」，據隋書卷三四經籍志、新唐書卷五九藝文志、崇文總目卷三改。

〔二〕邊岡　原作「邊剛」，據新唐書卷五九藝文志、崇文總目卷四改。

〔三〕馬重績　原作「馬重續」，據舊五代史卷九六、新五代史卷五七本傳、崇文總目卷四改。

〔四〕苗訓　按本書卷四六一苗守信傳、宋會要運曆一之五、玉海卷一〇及本書卷七五律曆志，「苗訓」應作「苗守信」。

〔五〕闕子明注安脩睦都利聿斯訣　「闕子明」原作「閻子明」，「都」下原脫「利」字，據崇文總目卷四、通志卷六八藝文略改補。

〔六〕王孝通　原作「王孝適」，據上文「王孝通緝古算經」條及新唐書卷五九藝文志、崇文總目卷三改。

〔七〕紹聖元符頒行　案本書卷一七哲宗紀、長編卷四六八及玉海卷一〇所記，觀天曆爲元祐六年十一月修成，玉海並說「紹聖元年頒行」。疑「元符」爲「元年」之誤。

〔八〕紀元曆經　原作「統元曆經」，據本書卷七九律曆志、書錄解題卷九、玉海卷一〇改。

〔九〕統元曆經　原作「紀天曆統」，據本書卷八一律曆志、宋會要運曆一之一〇、玉海卷一〇改。

〔一〇〕眞人水照　隋書卷三四經籍志、新唐書卷五九藝文志是書原名眞人水鏡，「照」字蓋宋人諱改。

〔一一〕賈隱林　崇文總目卷三、新唐書卷五九藝文志、書錄解題卷一二都作「賈林」。

〔一二〕趙善譽　原作「趙彥譽」，據本書卷二四七本傳、書錄解題卷八改。

〔一三〕耿恭平戎議三卷邊臣要略二十卷　按本書卷三二六景泰傳、玉海卷二五引書目，景泰曾撰平戎議與邊臣要略，下文類事類並著錄景泰邊臣要略二十卷。疑「耿恭」爲「景泰」之訛。

〔一四〕長慶人事軍律　「長慶」原作「長度」，據崇文總目卷三、新唐書卷五九藝文志改。

〔一五〕論五府形勝萬言書 「言」字原脫。案上文已錄論五府形勝萬言書，不著撰人，此題韓縝撰，當爲重出。據補。

〔一六〕張仲商 書錄解題卷一四作「張仲殷」，「商」字蓋宋人諱改。

〔一七〕李廌德隅堂畫品 「廌」原作「薦」，據書錄解題卷一四及本書卷四四四本傳改。

〔一八〕徐鍇 原作「徐諧」，據崇文總目卷三、通志卷六九藝文略改。

〔一九〕宋孔傳 「宋」原作「朱」，「孔傳」原作「孔傅」。據書錄解題卷一四改。

〔二〇〕白廷翰 原作「丘延翰」，據崇文總目卷三、新唐書卷五九藝文志改。

〔二一〕李途記室新書三卷 「三卷」，崇文總目卷三、新唐書卷五九藝文志、玉海卷五五都作「三十卷」。

〔二二〕韻對 原作「韶對」，據崇文總目卷三、新唐書卷五九藝文志、通志卷六九藝文略改。

〔二三〕徐叔暘 原作「徐叔陽」，據崇文總目卷三、通志卷六九藝文略改。

〔二四〕于立政 原作「于政立」，據崇文總目卷三、新唐書卷五九藝文志改。

〔二五〕劉漸 崇文總目卷三、通志卷六八藝文略都作「劉潛」。

〔二六〕溫庭筠學海三十卷 「學海」下原衍「兩字」二字，據新唐書卷五九藝文志、崇文總目卷三刪。

〔二七〕玉府新書 「玉」字原脫，據崇文總目卷三、祕書省續四庫書目、通志卷六九藝文略補。

〔二八〕是光乂十九書語類 「是」原作「晁」，「語類」二字原顛倒。據崇文總目卷三、新唐書卷五九藝文志改。

〔二九〕新編經史子集名卷 「名卷」，通志卷六九藝文略作「名數」。

〔三〇〕章得象 「象」原作「蒙」，據通志卷六五藝文略、郡齋志附志卷五上改。

〔三一〕典類 原作「典籍」，據四庫闕書目、祕書省續四庫目錄、通志卷六九藝文略改。

〔三二〕書敍指南 原作「書籍指南」，據書錄解題卷一四、郡齋志卷一四改。

〔三三〕錢文子 原作「錢文字」，據書錄解題卷一二、南宋館閣續錄卷九改。

〔三四〕五藏論應象 「應」下原衍「家」字，據崇文總目卷三、新唐書卷五九藝文志刪。

〔三五〕甄權 原作「甄擁」，據崇文總目卷三、新唐書卷五九藝文志改。

〔三六〕王起 崇文總目卷三、新唐書卷五九藝文志都作「王超」。

〔三七〕文義方 原作「文義方」，據崇文總目卷三、通志卷六九藝文略改。

〔三八〕耆婆六十四問 「六十四」，崇文總目卷三、通志卷六九藝文略都作「八十四」。

〔三九〕醫家要抄 崇文總目卷三、新唐書卷五九藝文志都作「醫家要妙」。

〔四〇〕江承宗 原作「王承宗」，據崇文總目卷三、新唐書卷五九藝文志改。

〔四一〕晏封草石論 原作「郭晏封草食論」，「郭」字衍，「食」字誤。據崇文總目卷三、新唐書卷五九藝文志、通志卷六九藝文略刪改。

〔四二〕楊太業　崇文總目卷三、通志卷六九藝文略都作「楊天業」。

〔四三〕療癧疽要訣　「療」原作「廣」，據崇文總目卷三、新唐書卷五九藝文志、通志卷六九藝文略改。

〔四四〕夭壽性術論　「夭」原作「大」，據崇文總目卷三、通志卷六九藝文略改。

〔四五〕王道中　崇文總目卷三、通志卷六七藝文略都作「王道冲」。

〔四六〕脉色要訣　「脉色」二字原倒，據崇文總目卷三、通志卷六九藝文略乙正。

〔四七〕葉傳古　原作「葉傳右」，據崇文總目卷三、通志卷六九藝文略改。

〔四八〕劉翰今體治世集　「翰」原作「輸」，「今」原作「全」。據通志卷六九藝文略、本書卷四六一本傳改。

〔四九〕賈耽　原作「賈沈」，據崇文總目卷三、新唐書卷五九藝文志改。

〔五〇〕楊介存四時傷寒總病論　考異卷七三說：「按晁氏志有楊介存眞圖一卷，其人名『介』，非名『介存』也。竊意『介存』下當有脫文，四時傷寒總病論則別是一人所撰。」

〔五一〕錢竿海上名方一卷　按書錄解題卷一三有海上方一卷，據稱：「括蒼刻本館閣書目有此方，云乾道中知處州錢竽編。」疑「錢竿」爲「錢竽」之誤。

〔五二〕朱旦　原作「東旦」，據祕書省續四庫書目、通志卷六九藝文略改。

〔五三〕党禹錫　郡齋志卷一五「補注神農本草」條、書錄解題卷一三「大觀本草」條都作「掌禹錫」。

〔五四〕王碩易簡方　按書錄解題卷一三作「永嘉王碩德膚撰」，通考卷二二三經籍考同。疑「碩」字或

「碩」之訛。

〔五五〕龐安時　「安時」原作「時安」，據本書卷四六二本傳、書錄解題卷一三「龐氏家藏祕寶方」條改。

〔五六〕華氏中藏經　「華」原作「黃」，據祕書省續四庫書目、書錄解題卷三改。

〔五七〕衞濟寶書　「寶書」二字原倒，據書錄解題卷一三乙正。

〔五八〕董汲脚氣治法總要　「董汲」原作「董伋」。按：此書今存，題董汲撰，書錄解題卷一三所錄同。據改。

〔五九〕王懷隱　原作「王懷德」，據本書卷四六一本傳、玉海卷六三引書目、書錄解題卷一三改。

〔六〇〕古今錄驗養生必用方　「養生」二字原倒，據郡齋志卷一五、書錄解題卷一三乙正。

〔六一〕龐安驗方書　書錄解題卷一三有龐氏家藏祕寶方，龐安時、安常撰。疑「安」下有脫字。